The Mode of Labor Power Renewal
and Intergenerational Mobility

A Research on
Migrant Labors and Their Children

周 潇—著

劳动力更替模式
与代际流动

对农民工群体的考察

社会科学文献出版社
SOCIAL SCIENCES ACADEMIC PRESS (CHINA)

目　录

第一章 导 论

一 引言："中国奇迹"与劳动力成本优势

改革开放四十多年，中国经历了持续的经济增长，创造了举世瞩目的"中国奇迹"。[①] 正如一些经济学家所言，"世界上从来没有哪一个国家曾经在如此之长的时间内保持了如此之快的经济增长"（林毅夫、姚洋，2006：1）。从 1978 年到 2012 年，中国国内生产总值（GDP）从 3645 亿元跃升至 518942 亿元，年均增长 9.8%，同期世界经济年均增速只有 2.8%。从经济总量居世界的位次来看，中国经济总量，1978 年仅位居世界第十位；2008 年超过德国，居世界第三位；2010 年超过日本，居世界第二位，成为仅次于美国的世界第二大经济体。经济总量占世界的份额由 1978 年的 1.8% 提高到 2012 年的 11.5%。[②]

[①] 1993 年世界银行在《东亚的奇迹——经济增长和公共政策》中，分析了韩国、新加坡、中国台湾和中国香港的发展经验，称这些地区经济的高速增长为"东亚奇迹"。1994 年林毅夫、蔡昉和李周在《中国的奇迹：发展战略与经济改革》中指出，中国在 20 世纪 80 年代的年平均增长率创造了人类经济增长史上前所未有的奇迹。自此，"中国奇迹"的说法开始流行。

[②] 国家统计局："改革开放铸辉煌 经济发展谱新篇：1978 年以来我国经济社会发展的巨大变化"，http://www.gov.cn/jrzg/2013 - 11/06/content_2522445.htm。

　　"中国奇迹"的形成，乃是多种因素的共同作用使然，诸如大国优势、有利的地理位置、稳定的政局、教育水平的提高等。不过学者们一般将这一"奇迹"的缔造归结为三个方面的原因：一是国家推行的改革开放政策。鄯若素认为，中国的经济成就主要在于政府在恰当的时间和恰当的地方采取了可以促进增长的改革措施（鄯若素，2006：33）；林毅夫比较了从计划经济向市场经济转轨的过程中，中国采用的渐进改革模式和苏东采用的休克疗法，指出中国逐步的、增量的改革模式不仅取得了休克疗法没有达到的成果，而且避免了相关的成本（林毅夫，2006：37~65）。二是所谓技术进步的"后发优势"，即中国作为技术落后国家，避免了创新成本，可以直接使用发达国家的技术和经验，并且在此基础上实现自身技术、产业甚至经济体制的升级。[1] 第三方面的原因则要归于劳动力成本的比较优势。人们普遍承认，低劳动力成本是"中国奇迹"得以缔造的至为重要和关键的因素。有学者指出，如果以国内城镇企业职工的平均工资的增长大体代表劳动在社会总财富中分配比例的变化，可以看到，自 1952 年以来，平均工资的增幅远远落后于国内生产总值的增幅。特别是进入 1990 年代之后，这两者之间的差距变

---

　　① 林毅夫：《"中国奇迹"的经济学解释》，来源：人民网，http://news.163.com/10/0305/，2010 年 03 月 05 日。著名经济学家杨小凯曾针对流行的"后发优势"的论点，提出了"后发劣势"的问题。所谓后发劣势，如果按照英文直译就是"对后来者的诅咒"。指的是落后国家绕开制度的改革，模仿发达国家的技术和管理模式，取得发达国家必须在一定制度下才能取得的成就。但是这样虽然可以使得落后国家在短期内取得非常好的发展，却会给长期的发展留下许多隐患，甚至导致失败，因此必须推动制度的改革（杨小凯，2006）。

得越来越大。[①] 与美国和日本相比，中国的劳动力成本大约相当于它们的 4%。作为生产最重要的因素之一，人力成本的绝对低价为中国产品在国际市场上赢得了相当大的竞争空间。

毫无疑问，低成本劳动力的主体是改革开放以来逐步走出农村，进入城市的工业和服务业中务工的农民，即通常所说的"农民工"，截至 2021 年，其规模已经达到 2.93 亿。农村剩余劳动力之所以能够源源不断地提供给城市中的非农产业，多少给人们造成了一种低成本劳动力无限供给的印象，其原因一方面在于中国农村庞大的人口总量，另一方面则是因为存在一个农民工地位代际再生产的社会过程。这是指，在一系列的制度安排和社会条件下，农民工的子女已经或者正在被生产为新一代的农民工，并且像他们的父辈一样被不断地卷入现代化和全球化的浪潮之中。正是这一农民工代际再生产的过程，为中国的经济发展储备了一支庞大的劳动力队伍，从而支撑了中国的

[①] 夏传玲：《权杖和权势——组织的权力运作机制》，中国社会科学出版社，2008 年第二版，第 484～486 页。作者对过去 50 年经济发展的利益分配问题做了更为深入的分析，指出：和工资相比，国家财政收入与国内生产总值的差距要小一些，总的增幅高于工资增幅，但低于国内生产总值的增幅。从 1978～1996 年，经济在快速增长，但财政收入却几乎停滞不前。1997 年之后财政收入增长的步伐才开始加快，但还是远远落后于国内生产总值的增幅。而在这期间，居民储蓄在 1986 年之后的增幅首次超过国内生产总值的增幅，到 2007 年，其增幅已经远远把国内生产总值的增幅抛在后面。2007 年居民储蓄达到 2.41 万亿元，与 1952 年相比，增幅高达 32174%。考虑到在此期间，收入增幅只有 964%，因此，居民储蓄增长的主要来源不可能是工资收入，而只能是资本利得或租金收益等非劳动收入。作者进一步指出，在我们所考察的 50 多年的社会变迁过程中，计划体制大体结束于 20 世纪 70 年代末期，20 世纪 80～90 年代中期是一个体制转型的时期，之则进入市场经济的时期。在这个过程中，就经济发展的利益分配而言，劳动分享的比例越来越低，资本分享的比例越来越高。

低成本劳动力优势并且促成了中国作为世界工厂的地位。

农民工子女分为两个群体：流动儿童和留守儿童。从 20 世纪 90 年代中期开始，他们出现在公众的视野之中并在其后的多年间成为国家政策和社会各界关注的焦点。时至今日，因为政策改变和农民工流动趋势的变化，这两个群体的社会关注有所下降。但是一方面，塑造农民工及其子女生存境遇的市场和制度性力量仍然存在，并且这些力量仍再生产着新一代的农民工。另一方面，对现在的农民工二代甚至三代来说，昔日流动或留守的经历仍然在深刻地影响着他们的选择、生存和未来的发展。因此，尽管对流动儿童和留守儿童的研究 可能不再"时髦"，但是他们"流动"和"留守"的历史不应该被遗忘，他们现在的处境和未来的发展也值得我们持续关注。

对于农民工地位代际再生产的过程和机制进行充分的研究是非常必要的。因为，其一，我们可以由此更好地理解农民工群体在过往四十多年间的独特境遇，并且进一步洞察当今中国社会分层与社会流动的逻辑，从而对中国社会转型的社会安排和运行机制达到更深的认识。其二，它关系着一个规模庞大的群体在社会结构中的位置。农民工子女在劳动力市场中处于什么位置？他们作为一个阶层，能否实现向上流动？如果不能，阻碍他们向上流动的因素是什么？这些既关系着流动/留守儿童自身的命运，又影响到整体中国社会的社会分层和社会结构。他们的"农民工"父辈已经对社会结构的变迁产生了重大的影响，他们自身的特殊存在方式也必定会对未来社会结构产生潜在而长远的影响。其三，从实践层面来看，透过农民工社会地位代际再生产的机制，我们可以更好地理解塑造农民工阶层位置的结构性和制度性力量，从而为促进社会平等、为农民工群体赋能的政策的制定和出台提供依据。

二 基本概念与核心观点

这本书是一项关于社会分层与社会流动的研究，涉及地位/身份、代际流动、再生产等概念，在展开对具体问题的描述和分析之前，有必要对这些基本概念的内涵进行简单的界定和说明。同时，这一部分也将把本书的基本判断和核心观点一并呈现。

（一）作为身份群体的农民工

在社会分层领域，对于人们在社会层级结构中所处的位置，主要有两种划分标准：韦伯的多元分层标准和马克思的阶级标准。虽然阶级是马克思理论中的核心概念，但是马克思并没有对阶级下一个明确的定义。不过从他的诸多著作中可见，马克思认为构成阶级的要素有两个：一是在经济生产与流通领域中的客观地位的一致性（主要指与生产资料之间的关系，即是否占有生产资料）；二是由客观地位所导致的不同的主观的利益和认同感。20世纪70年代之后，一批新马克思主义学者对马克思的阶级概念和阶级理论进行了修正和发展。如，赖特（E. O. Wright）突破了传统马克思主义"两极化"的阶级划分，提出"中间阶级"的概念。赖特秉承了传统马克思主义对剥削中的财产关系的强调，但是对其进行了扩展。他认为，阶级关系不仅仅是指一些人对另一些人的劳动成果的支配，还包括生产过程或劳动过程中的支配。

与马克思不同，韦伯提出了社会分层的三个维度：财富

（经济地位）、权力（政治地位）、声望（社会地位）。财富指全部经济财产的构成；权力指一个人或一群人对他人实施控制或影响的能力；声望则指一个人从他人那里获得的评价。三者彼此联系，甚至相互重叠，但却不能等同或彼此替代。其中，主要基于声望形成的身份群体尤其受到韦伯的关注。所谓身份群体，是指由受到同样的肯定或否定的社会声望评价的人构成的群体。身份群体虽然是一种主观声望评价的结果，但却有其客观的物质基础，包括生活方式、正式的教育、出身的声望或职业的声望。即，"同一身份群体成员之所以具有相似的社会声望、社会地位，是源于他们长期相似的生活方式、经验的与理性的教育，以及家庭的和职业的熏陶"（李强，2011）。

在韦伯看来，身份群体与阶级不同。阶级由经济地位决定，身份群体则由"社会评价"所制约的声望决定。虽然阶级地位也可能会对身份有正向的影响，比如富有的人拥有更高的社会声望。但是二者并不必然相关，有时甚至彼此对立。

在大量关于农民工群体的研究中，将农民工界定为一个"阶级"的并不多见。但是确有一些学者秉持阶级分析的范式对农民工的阶级形成以及劳动过程问题进行探讨（潘毅，2009；沈原，2006）。本书把农民工界定为一个身份群体，而非阶级，主要基于两点理由：其一，"阶级"的概念强调经济地位。笔者承认经济地位在确定农民工阶层地位上的重要作用，但是同时认为，生活方式、教育、户籍、职业声望这样一些因素也具有不容忽视的意义。因此笔者更倾向于从多元分层体系出发，将农民工群体视为一个身份群体。由于地位和身份在英语中一般并不加以区分，本书中地位和身份二词混用，不予分别。其二，通常认为，"阶级"一词具有强调社会冲突与社会矛盾的含义。本书并不回避矛盾和冲突，但目标是寻求社会和谐、社会稳定和社会发展。因此，使用"身份群体"一词或许比"阶级"更少引起误解。

（二）劳动力再生产与地位代际再生产

1. 地位代际再生产

与社会分层相应的另一个概念是社会流动，它指的是个人或群体在不同社会经济地位之间的位置变化。根据流动的方向，可以分为垂直流动和水平流动。水平流动是指处于同一水平线上的一种职业向另一种职业的横向流动。所谓同一水平线，是指两种职业在收入、地位、名声等方面基本相同。从一个地区向另一个地区的空间迁徙也属于水平流动。垂直流动是社会学家最关注的流动类型。如果个体或群体的收入、地位等都发生了改善，甚至出现了向上一个阶层的跃升，则认为是实现了向上流动。反之则是向下流动。

从代际的角度，社会流动可以分为代内流动和代际流动。代内流动关注一个个体在其一生中能够向上或向下流动多远。代际流动探讨的是，与父代或祖代相比，后代能够在社会阶梯上向上或向下流动多远（吉登斯、萨顿，2019：156）。如果相对于父代或祖代，后代既未能实现向上的流动，也没有出现向下的流动，则出现了社会地位的代际再生产现象。

本书认为，在农民工群体身上发生了身份地位的代际再生产现象。这是指农民工子女在收入水平、职业声望、社会地位等方面与父辈相比，没有发生向上的跃升。

2. 劳动力再生产、劳动力更替的外部化与边缘化

对农民工身份地位代际再生产的现象，本文主要从劳动力

再生产的角度出发予以分析。因此劳动力再生产是本文的核心概念之一。在《资本论》第一卷中，马克思对劳动力的特点和在生产中的重要性进行了论述。劳动力是"一个人的身体，即活的人体中存在的、每当他生产某种使用价值时就运用的体力和智力的总和"。在资本主义条件下，劳动力是一种商品，其使用价值具有价值创造的独特属性。资本家只有从市场上购得劳动力这种商品，生产才可能进行，剩余价值的创造才有基础。

劳动力的消耗必须得到补偿。"劳动力所有者今天进行了劳动，他必须明天也能够在同样的精力和健康条件下重复同样的过程"（马克思，2008：199）。这种对劳动力耗费的补偿便是劳动力再生产的一部分内容。不仅如此，因为劳动者会死亡，"要使他不断出现在市场上，劳动力的卖者就必须像任何活的个体一样，依靠繁殖使自己永远延续下去。因此损耗和死亡退出市场的劳动力，至少要不断由同样数目的新劳动力来补充。因此，生产劳动力所必要的生活资料的总和，包括工人的补充者即工人子女的生活资料"。这里出现了劳动力再生产的另一个部分：劳动者子女的生养和抚育。除此之外，劳动力再生产还包括使劳动者"获得一定劳动部门的技能和技巧，成为发达的和专门的劳动力"所要进行的教育或训练。概言之，在马克思的论述中，劳动力再生产包括三个方面：劳动者自身体力和智力的恢复和补充、劳动技能的积累，以及具有劳动能力的人口一代又一代的补充。

美国社会学家布洛维在对俄国的研究中发现，在俄国工业化的早期，大批农民从农村流入城市寻找工作的机会，但是他们的后代则被留在乡村。这样，他们自身的劳动力再生产在城市完成，后代的劳动力再生产则在乡村完成。这种拆分型的劳动力再生产模式使得资本甩掉了劳动力再生产的一个重要部分，通过支付低工资而赚取高额的利润（Burawoy，1985：105）。

在对南非和美国加州的移民工人的研究中，布洛维将劳动力再生产明确地区分为"维持"（maintenance）和"更替"（renewal）两个方面。"维持"是指工人必须日复一日维持自己的生存。所谓"更替"，则是指供给工人子女生活和教育的需要，因为退出市场的劳动力的空缺必须要有新的劳动力来补充。布洛维指出，虽然一般来说，劳动力再生产的这两个要素的区别往往是被隐藏的，但是对于移民工人而言，恰恰是二者的分离构成了其根本的特征。雇佣国只负责劳动力的维持，劳动力的更替则被"外部化"（externalized）给一个完全不同的政治经济体系（工人的家乡所在的国家）。这导致了劳动力的使用方无论是经济成本还是政治成本都大大降低。前资本主义经济从而成了资本主义经济的支持和补充（Burawoy，1976：1050～1087）。

作为国内流动工人，中国的农民工与布洛维所研究的国际移民工人有本质上的差异。劳动力的"维持"和"更替"不是分属于不同的国度，而是在同一个政治经济体系之内。然而与移民工人相似的是，农民工劳动力的维持和更替也存在着分割，只不过劳动力的更替不是被"外部化"给另一个国家，而是被城市"外部化"给乡村，这便是我们通常所说的留守儿童的景况。这一点与俄国工业化时期的农村流动人口的劳动力更替模式颇为相似：即一种拆分型的劳动力再生产模式，劳动者个人的劳动力再生产在城市完成，而子女的抚育则放在乡村。

此外，农民工劳动力的更替还有一个非常特殊的形态：孩子随父母流动到城市，但是只能居住在城乡接合部或城中村，接受体制外的教育或者处于边缘地位的体制内教育。一般来说，国内流动工人与移民工人的不同点就在于，在美国等资本主义国家，国家或（和）雇主会承担流动工人劳动力再生产的所有费用，包括福利、教育等。但是对于中国的农民工而言，这种劳动力更替模式却是独特的，因为虽然居住在城市（其实很多孩子就在城市出生和长大），父辈工作在城市，这些流动儿童却成为被城市社会隔离的一群。他们不能享受作为城市居民应该享受的权利，他们也不属于所流出的乡村，因而成为在城乡的夹缝中生长的一群人。如果说孩子留守家乡是劳动力更替被城市外部化给农村的一种组织模式，那么流动儿童则表现了劳动力更替在城市的边缘化状态。

本书认为，劳动力更替的边缘化和外部化使农民工子女向上的社会流动受到较大拦阻，进而引致农民工子女集中于次级劳动力市场，延续与其父辈类似的工作和生活处境，因而成为一种农民工身份地位代际再生产的机制。本书以后各章将探求这种劳动力更替模式的具体形态、运作方式及其与农民工地位代际再生产之间的逻辑关联。

三 劳动力更替低成本组织模式的成因

笔者用一个概念——劳动力更替的低成本组织模式，将上述两种劳动力更替形式（外部化与边缘化）统一起来。之所以称为低成本，是因为在这种劳动力更替的组织模式下，资本降低了人力成本，使用农民工的低成本劳动力以赚取利润。国家则降低了社会管理成本和社会福利支出。但是农民工却既不能通过市场的方式，也不能通过国家提供的社会保障的方式来保证子女得到充分的、有质量的抚育。本节试图从劳动关系和社会制度两方面来考察这种劳动力更替低成本组织模式形成的原因。

（一）雇佣关系与市场地位

作为"世界工厂"的主体，农民工首先在与资本的支配性生产关系中存在。一方面，资本最大限度地追求利润，因此在可能的情况下，会尽量压低工人的工资。在全球化背景下，因为资本可以全球随意流动，所以带来了世界范围内在工资和工作条件方面"冲向底线的赛跑"（race to the bottom）（西尔弗，2012）。另一方面，农民工缺乏与资本讨价还价的能力，通过协商争取自身权益的维护和增进存在较大困难。根据怀特的看法，工人有三种讨价还价的能力。一是"结社力量"，即工人阶级通过形成自己的组织，通过各种集体行动来表达自己诉求的力量。二是"市场讨价还价能力"，如果工人拥有雇主所需要的稀缺技术，或者市场存在较高的失业率，或者工人有依靠非工资收入生活的能力，那么工人就可以向资本讨价还价。三是"工作现场的讨价还价能力"，这是指在严密整合的生产过程中，处于关键位置的那些工人所具有的讨价还价的能力，因为这些工作节点一旦中断，就可能导致生产的解体（Wright，2000：957~1002；西尔弗，2012）。虽然某些农民工在某些时候拥有上述力量的一种或者几种，但是从总体看来，农民工讨价还价的力量很弱，他们缺乏技术，劳动力市场长期供大于求，企业工会在推动维权方面作用有限。

在资本"低成本驱动"的雇佣模式下，农民工的工资收入低、增速缓慢，且他们长年面临工资被拖欠的状况。很多企业并不与农民工签订劳动合同，也不为之缴纳社会保险，这使得农民工的社会保障严重不足，就业高度不稳定。这种雇佣地位使得农民工长期处在"讨生活""求生存"的状态中。他们努力工作，却难以对自身人力资本的提升进行投资，劳动力维持在很低的水平。他们也难以通过市场化的方式为子女获取充足的教育资源，营造高质量的生活环境。

1. 收入与社会保障

长期以来，农民工的工资一直被压在很低的水平。笔者2005年参与的对于全国范围的建筑行业农民工的调查①数据显示，其时建筑行业的农民工月平均工资为1356元，每天平均工作时间为11.64小时。2006年发布的《中国农民工问题研究总报告》指出，一些地方企业主把最低工资标准当作实际支付给农民工的工资标准。农民工工资水平与社会平均工资的差距不断增大。湖南、四川和河南三省的抽样调查显示，农民工月实际劳动时间超过城镇职工的50%，但月平均收入不到城镇职工月平均收入的60%。实际劳动小时工资只相当于城镇职工的1/4（中国农民工问题研究总报告起草组，2006）。2009年珠三角的调查数据显示，农民工的月平均工资为1099.53元，众值和中位值均为1000元，四分之一的农民工的工资在750元以下（蔡禾、刘林平、万向东等，2009：43~53）。从2009年开始，国家统计局每年发布《农民工监测调查报告》，从中可见农民工

---

① 这是一项由建设部委托、清华大学社会学系和中国社会科学院社会学所合作开展的全国范围的建筑业农民工问卷调查，旨在了解建筑业农民工的工作、生活、权益保障等方面的情况。调查覆盖全国五大城市，抽取5000个样本，历时两年（2005~2007）。

工资收入虽然逐年增长，但是涨幅较低，工资收入长年处于较低水平（见图1-1）。

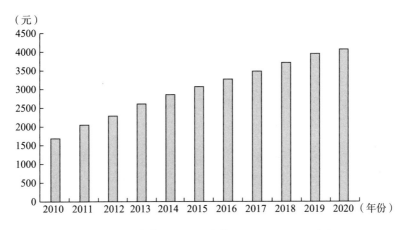

图 1-1　外出农民工月平均收入（2010~2020 年）

资料来源：国家统计局《农民工监测调查报告》。

　　除了工资收入低，多年来，农民工还面临工资被拖欠的问题。2006 年发布的《中国农民工问题研究总报告》指出，尽管国家开展了追讨工资专项行动，但是农民工被拖欠工资的问题并未得到根本解决。根据国家统计局 2004 年的调查，仍有 10% 的农民工人均被拖欠工资 7 个月。克扣或变相克扣农民工工资情况也较突出（中国农民工问题研究总报告起草组，2006）。建筑业农民工被拖欠工资的情况最为严重。据调查，2013 年建筑工地上按月结算工资的比例仅为 19.9%，不足1/5；2012 年内，未经讨薪而结清工钱的农民工比例为 46.6%。此外，有 12% 的工人没有拿到一分工钱（潘毅、吴琼文倩，2013）。根据《农民工监测调查报告》，2014 年，被拖欠工资的农民工人均被拖欠 9511 元，比上年增长 17.1%。2015 年，被拖欠工资的农民工人均被拖欠 9788 元，比上年增加 277 元，增长 2.9%。

农民工的社会保障长期处在严重不足的状态。2006年，农民工医疗保险参保率为10%左右，养老保险参保率为15%左右，工伤保险（这是当时唯一对农民工没有制度和政策障碍的保障项目）参保率仅为12.9%（中国农民工问题研究总报告起草组，2006）。2009年，雇主或单位为农民工缴纳养老保险、工伤保险、医疗保险、失业保险和生育保险的比例分别为7.6%、21.8%、12.2%、3.9%和2.3%。2014年，农民工的各项参保率分别为：养老保险16.7%、工伤保险26.2%、医疗保险17.6%、失业保险10.5%、生育保险7.8%。[1] 除了工伤保险之外，其他险种的参保率都很低。截至2018年底，在2.86亿农民工中，只有6202万人参加了城镇职工基本养老保险，参保率不到22%。[2]

2. 雇佣稳定性

农民工群体一直处于不稳定的雇佣关系[3]中，这通过农民工与受雇企业或单位签订劳动合同的情况可见一斑。根据劳动和社会保障部2004年对40个城市的调查，农民工劳动合同签订率仅为12.5%。2005年全国人大常委会关于《劳动法》执

---

[1] 国家统计局，《2009年农民工监测调查报告》，《2014年农民工监测调查报告》。

[2] 王向阳，"如何解决我国农民工参保率低的问题"，澎湃新闻，2019年6月12日。

[3] 劳动关系的不稳定已经成为全球现象。20世纪70年代以来，伴随着新自由主义和全球市场的建立，劳动关系越来越呈现出不稳定的特征。以美国为例，"二战"后，美国建立了以稳定和协调为标志的福特主义制度，工人和企业之间确立了有效的社会契约关系，工人不仅获得了良好的就业机会和就业保障，而且享受了大量的社会福利。但是20世纪70年代之后，情况发生了逆转，工作日益灵活化，劳动合同的时效性不断缩短，工人越来越缺乏稳定性保障（Kalleberg，2009）。

法检查的有关报告指出，中小型非公有制企业劳动合同签订率不到 20%，个体经济组织的签订率更低，而农民工主要集中在这两类企业中。① 根据《农民工监测调查报告》，从 2009 年到 2016 年，以受雇形式从业的外出农民工与雇主或单位签订劳动合同的比例一直维持在 40% 左右，2013 年后甚至出现下降趋势（见图 1－2）。②

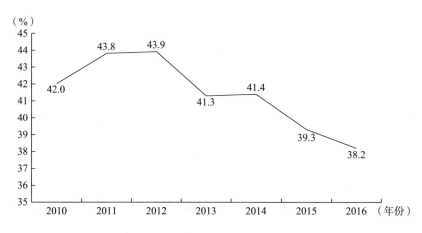

图 1－2　农民工与受雇企业/单位签订劳动合同的比例

资料来源：国家统计局《农民工监测调查报告》。

劳动合同签订率低，意味着大部分农民工没有与受雇企业建立稳定的劳动关系，他们处在随时可能被企业解雇的状态中。近些年来，随着企业用工灵活化程度不断提高，劳务派遣

---

① 数据参见：全国总工会调研组，《农民工权益保障问题调研报告》，载《中国农民工调研报告》，中国言实出版社，2006；国家统计局，《2009 年农民工监测报告》；何鲁丽，《全国人民代表大会常务委员会执法检查组关于检查〈中华人民共和国劳动法〉实施情况的报告》。

② 从 2017 年之后，《农民工监测调查报告》中不再出现农民工与受雇企业或单位签订合同情况的相关数据。

工和外包工大量涌现，工作不稳定性被进一步加剧。根据全国总工会的估算，2011 年，中国约有 4200 万派遣工，其中企业 3700 万人（占企业职工总数的 13.1%）；国家机关和事业单位 500 万人；国企中 16.2% 的员工为派遣工，在电信、邮政、石化等一些央企中，派遣工更是占到了 60% 以上。2011 年上海市调查所涉 1805 家企业的 40 多万名职工中，劳务派遣工占 25%，比 2007 年增长了 36.1%。面对派遣工的滥用，国家试图通过法律加以限制。2013 年 7 月 1 日，《劳动合同法》修订案开始实施，强化了对派遣工使用范围的限制；2014 年 3 月 1 日起施行的《劳务派遣暂行规定》要求企业把派遣工在总员工数中的比例降到 10% 以下。但是这些法律并未达到目的。为了应对法律规制，企业把大量劳务派遣工改为"外包工"，出现了"假外包、真派遣"的现象。根据智研咨询发布的报告，2017 年，我国劳务派遣工数量高达 3600 万人，使用劳务派遣工的企业达 3.5 万家。

与正式工相比，劳务派遣工不仅更容易被克扣工资和社保，而且更不稳定。正式工适用于《劳动合同法》的无固定期限相关条款，企业随意解雇要付出代价。虽然这些条款也适用于派遣工，但是劳务派遣公司很容易规避这些条款，造成派遣工相对于正式工更容易被解雇。不仅如此，劳务派遣中的"返现"制度甚至加剧了农民工对短期就业的主动选择。

（二）制度安排与社会保障

国家政策和社会制度安排是影响劳动力再生产方式的另一个重要变量。在农民工劳动力再生产的问题上，我们看到，虽然在过去的几十年间，国家出台了许多有利于农民工的政策措施，围绕农民工的工资拖欠问题、技能培训问题等做了大量工作，但是直到如今，农民工在城市仍然只是作为劳动力的拥有者被最大化地使用，他们始终无法与城市居民一样平等地分享住房、教育、基础设施和其他福利等集体性消费资料，从而导致他们的劳动力再生产只能停留在最基本、最简单的层面。这里需要特别讨论一下户籍制度，因为农民工无法享受城市公共资源的一个主要理由就在于他们没有城市户口。

中国的户籍制度形成于 20 世纪 50 年代，最初的目的是为了"维护社会治安，保障人民安全"，后来则被主要用来限制人口的"盲目"流动，尤其是农村人口向城市的流动。1955 年，国务院颁布了关于建立户籍制度的指示。1958 年 1 月 9 日，全国人民代表大会常务委员会通过了《中华人民共和国户口登记条例》（以下简称《户口登记条例》），并以中华人民共和国主席令的形式正式公布实施，从而使城乡有别的户口登记制度与限制迁移制度以法律的形式固定下来。不仅如此，政府在制定《户口登记条例》的同时及前后，又确立了一系列与之相应的具体制度，作为户口登记与迁移制度的补充。包括：凭户口发粮油票证的粮油供应制度、凭户口申请就业的就业制度、凭户口取得社会福利的福利保障制度等。这样作为人口登记制度的户籍制度于 1958 年以后"演化成了等级身份制度，而且是一定意义上的世袭等级身份制度"（俞德鹏，2009：48）。苏黛瑞认为，户口制度实际上建立了一种新的阶层体系来取代已经瓦解的阶级等级（苏黛瑞，2009）。

中国的户籍制度最特别的地方就在于它不仅是行政管理和安全治理系统的组成部分，而且承担着重要的社会资源配置功能，户口甚至决定了一个人的全部生计和福利。"不仅仅是一个人所获得的物品质量，而且交通条件、文化娱乐水平，所受的教育质量以及卫生保健种类，都要取决于他居住在什么地方。同时，不只是这些看得见的东西是按照居民的等级来分配的，而且人们的工资、所支付的价格、所享受的福利和补贴也都是这样安排好的"（苏黛瑞，2009）。户口制度保障了对城市居民的供给，但是却将农村人口以及那些涌流到城市却不具有城市户口的农民排斥在各种福利、社会公共服务等资源分享权利之外。

户籍制度在改革开放之后不断地受到冲击，虽然关于农村人口流动的限制逐步放松，但是作为一种社会资源配置的制度却并未有实质性的松动。陈映芳（2005）认为，根本原因之一在于它对国家和地方政府财政负担的保护作用。"国家将国民按农业户口和非农业户口区分开来，并据此将国家承担的教育、医疗、社会保障等财政负担和其他一些社会资源控制在有限的范围内。……户籍制的城乡一体化意味着国家必须支付巨大的国民待遇成本，为农村人口追加城市居民已经享受到的义务教育、社会保障等待遇。……对地方政府来说，现行户籍制度也是他们控制地方财政负担和生活资源的有效制度。在目前跨地区社会流动频繁的情况下，现行户籍制度使得人口流入地政府可以设法免去为流入人员提供公共教育服务和制度性社会保障及其他各种社会服务、社会支持的职责"。所有这些连同对城市人口压力的考虑使得对现行户籍制度的沿用显得顺理成章。

然而社会条件的变化使得户籍制度显得越来越不和谐，而且其合法性被广泛质疑，这迫使政府不得不推行新的政策。在农民工问题上，国家不断出台各种文件要求地方保障农民工权益，将"落实农民工子女义务教育与社会保障等的义务、责任下移到了地方财政。地方政府出于避免财政负担、确保城市竞争力的需要，会倾向于控制开放制度。同时为了减少人口规模压力，并满足城市人力资源需要，城市也会设法根据自利自保的需要，制定相应的吸纳/排斥外来人员的政策"（陈映芳，2005）。显然，在城市不具有稳定居所和职业、技术水平和受教育程度都比较低的农民工很难成为地方政府吸纳的对象。这就使得农民工的权益问题不可能从根本上得到解决。因此，在这种逻辑之下，农民工自身在城市生活的权益难以得到保障，而且随之流动到城市的子女在教育问题上出现了一些学者所说的"二律背反"。一方面，国家的"两为主"政策越来越清晰和明朗；另一方面，在2006年之前，与户籍制度相关联的"地方负责、分级管理"的义务教育财政制度使得当时的流入地政府并不承担农民工子女在流入地接受义务教育的责任。迫于流动儿童人数增长和舆论的压力，流入地政府采取了一系列的措施来缓解面临的挑战和矛盾，包括对民工子弟学校的默认甚至支持，向流动儿童开放部分公办学校等。

本书以下各章的基本内容如下。第二章对中西方学界关于教育分层的相关研究进行了简要梳理，以确立本研究的理论透镜和支点。第三章展现了改革开放以来农民从乡村流向城市、从农业流向工业的历史过程，农民工群体在不同阶段面临的不同问题以及学界对农民工群体叙事的转变。第四章和第五章讲述了两种劳动力更替模式——边缘化（流动儿童）和外部化（留守儿童）——的表现及其后果。第六章考察了进入中等职业技术学校的农民工子女的学习和就业状况，并对职业教育与社会分层和社会流动之间的关系进行了讨论。第七章透过访谈资料和问卷调查数据，展现了农民工子女进入劳动力市场之后，在收入、工作强度、劳动技能、流动性等方面面临的困境。第八章对如何打破农民工身份地位的代际再生产、为该群体创造向上流动的条件，提出了一些对策建议。

第二章　文献回顾

本书的核心观照是农民工身份地位代际再生产议题，因此有必要首先对国外和国内学界关于社会分层与社会流动的相关研究进行回顾。社会分层与社会流动是社会学中一个极其重要的研究领域，相关研究成果难以尽现，鉴于本书聚焦于教育在再生产中的作用，所以文献梳理将按照国外研究和国内研究两个板块，围绕教育分层和教育与社会不平等的关系展开。

一　再生产理论

"二战"以后，在发达资本主义国家，经济的迅猛发展和扩张给很多人带来了盼望，中产阶级丰裕的生活方式似乎对所有人来说都触手可及。虽然贫穷、失败、不平等等社会问题仍旧存在，但是在许多人眼中，这不过是前凯恩斯主义的残留，完全可以通过不改变资本主义性质的社会改革加以解决，而教育则被视为改革的最佳手段（Paul Willis，1977：203）。人们普遍相信，教育不仅会带来个体的发展，而且会促进经济系统的有效运行，更重要的是，作为一个中立而自主的系统，教育是改变阶级分裂状况的有效体制。每个勤奋攻读的学生都有机会透过教育向上流动，从而消除社会不平等，使阶级社会走向终结（杨善华，1999：285）。

然而现实的情况却在公众和学者心中都投下了问号。从20世纪50年代开始，西方国家基础教育领域的公共教育资源全面扩展，不同阶层的孩子拥有了近乎平等的受教育机会。但是许多研究尤其是著名的《科尔曼报告》公布后，人们发现，底层群体试图通过教育来改变自身社会位置的机会仍旧远逊于社会中的优势群体。无论教育机会怎样扩大，不同阶层、性别、种族和信仰的人群在学业上的成就以及职业、收入等方面的状况却存在明显的差距，社会的不平等不仅没有缩小反而扩大了。

在这种情况下，一批学者开始从教育与政治经济条件的关系以及教育系统内部的运作上寻找原因。他们基于经典马克思主义阶级分析的视角，同时吸收了新马克思主义关于国家、意识形态、霸权等方面的论述，尖锐地指出，在资本主义生产模式和不平等的阶级关系之下，工人阶级的孩子注定会遭受失败。在一个不平等的阶级社会里，教育不可能是平等的，相反，它剥夺了大部分孩子的个体发展，把他们的未来抛入不平等的位置，并以此来达到所谓的社会整合的目的。生产和更大的社会（wider society）并不是提供机会的中立者，相反，它们从一开始就限制和决定了教育的结果（杨善华，1999：285）。换言之，在一个阶级社会里，教育并非是独立而自主的，它为支配性的权力关系所形塑，并且再生产了财富与权力的不平等，再生产了支配和屈从的社会关系，从而使得社会结构以此形式得以维系和再生产（Michael W. Apple，1995：13）。这种对教育的深入洞察一反人们通常对于教育的想象，尤其对战后功能主义和自由主义大行其道的美国与欧洲社会造成了猛烈的冲击。

这些论述后来被统一称为再生产理论（Theory of Reproduction）。① 根据关注点的不同，再生产理论又可以分为经济再生产理论、文化再生产理论和抵制理论。以鲍尔斯和金蒂斯为代表的经济再生产理论主要关注经济结构对教育的形塑作用，布迪厄和伯恩斯坦所建构的文化再生产理论则是从文化和意识形态的维度去考察教育与再生产之间的关系，重点探求了教育系统本身的运作机制。威利斯所开创的抵制理论特别考察了人的主体性和能动性，因而可谓是对前两种理论结构化分析模式的一种挑战和补充。

（一）经济再生产理论

经济再生产理论的代表人物是美国经济学家鲍尔斯和金蒂

---

① 这里有必要对再生产理论兴起的更大的社会背景做出说明。布洛维（2007）指出，阶级关系的社会再生产是社会学马克思主义的基本命题之一。但是不同类型的社会关系对社会再生产提出了不同的问题。阶级关系由于其剥削特性，成为社会关系固有的不稳定形式，因此需要积极的制度安排来保证它的再生产。20世纪以来，资本主义社会经历了深刻的社会历史变迁，马克思所预言的无产阶级推翻资产阶级政权的革命并没有发生，相反，西方的工人革命运动和共产主义政治持续地遭受失败。而与此同时，资本主义经过一系列的调适，不仅带来了物质财富的丰裕，而且工人阶级与资产阶级之间的矛盾也趋于缓和，工人运动被逐步消解。针对这种状况，资本主义社会阶级再生产的问题愈发受到关注。对这些问题的讨论，葛兰西具有开创性的贡献，他提出的"霸权"概念后来成为再生产研究中的一个关键概念。此外，20世纪中叶，法兰克福学派从大众媒体和消费文化的角度，对资本主义的支配机制作出了独具一格的深入阐释。但是最集中也最系统和深入的研究是在20世纪60~80年代，当马克思主义在西方社会逐步复兴之时，由一批新马克思主义者所完成的。他们针对资本主义的工作组织、选举制度、教育系统等各个具体的领域进行了深入的经验研究，试图揭示资本主义阶级关系得以稳定再生产的奥秘，并且由此推动了对马克思主义理论的重构。而在这所有的研究中，关于教育的研究声势最为浩大。

斯。1976 年他们合作出版了《资本主义美国的学校教育：教育改革与经济生活的矛盾》一书①，特别考察了教育与国家政治经济条件之间的关系。他们认为，在资本主义制度下的美国，塑造教育的并不是自由主义改革者的理想，而是资本家所赋予教育的功用：提高工人的生产能力，维护剥削性的经济关系，以便将工人劳动的果实转换成资本主义的利润。

他们提出了著名的符应原则（Correspondence Principle）：

> 教育制度透过其社会关系与生产社会关系之间的一种结构性符应，而有助于将年轻人整合入经济制度之中。教育的社会关系的结构，不只使学生习惯于工作场所的纪律，而且也发展个人举止的类型，自我演出的方式（self-preservation），自我心象（self-image）以及社会阶级认同——这些对于工作胜任的决定性成分。（Bowles and Gintis, 1976：131）

他们认为，学校发展了一套类似工作场所的社会关系，包括垂直权威路线，制度化与破坏性的竞争，学生与课程内容异化等，从而使得学生在学校里就被训练适应生产中的社会关系，以满足资本主义生产的需要。

不仅如此，不同层次的教育为职业结构内的不同层次提供

---

① 1989 年台湾地区的学者将这部著作译为中文。本书中关于此书内容的引用都出自此中译本，引用时部分内容参考了英文原著而略有改动。此译本将作者名字译为鲍里斯和季亭士，笔者采用一般译法"鲍尔斯"和"金蒂斯"，另外此译本将"再生产"译为"再制"。为了保持行文的一致性，笔者将译本中的"再制"均改译为"再生产"。

不同类型的工人。比如企业层级制度的最低层强调遵守规则，中间层强调可靠性，高层强调规范的内化，所以，在教育系统中，较低的层次（初中和高中）严格限制学生的活动，稍高的社区学院允许较大的独立性，而最高的精英四年制大学则强调要适合生产层级制度中较高层次的社会关系。

因此，在他们看来，学校就是一个按照外部劳动分工的要求进行再生产的机构。学校里无论是公开的知识还是"隐蔽的课程"（hidden curriculum）①，都是与资本主义的经济制度紧紧相扣的。资本主义经济要求把人分配到不同的"合适"的位置上，因此学校的使命就在于按照劳动分工的要求，授予未来处于不同位置的人以不同的技能，并且传递相应的价值、规范、行为方式、性情等等。所以，工人阶级的学生会被教导守时、清洁整齐、尊重权威、服从规矩。而上层阶级的学生则被教导灵活性、思维的开放性、实际解决问题的能力等等，这些都是为使他们以后作为管理者或者专家有效地工作所作的预备（Michael W. Apple，1995：63）。通过对学校教育经历在数量和类型上的分化，学校预备了不同的人处于不同的工作等级之中。

毋庸置疑，这些论述对教育提出了重要而深入的洞察。其重要洞见之一在于，它指出学校是与更广泛的社会力量彼此相关的，所以对学校的分析不能脱离它所嵌入的社会经济情境（Henry A. Giroux，1980：225～247）。鲍尔斯和金蒂斯对学校的阶级分析的立场也使得对教育失败的诟病由老师和学生转向了支配

---

① "隐蔽的课程"是与学校公开教导的正式的课程相对的，即透过学校里的日常生活，传递给学生的一系列态度、价值认同、行为标准和规范。

社会的结构因素，从而颠覆了各种各样教育中立性的意识形态。①

（二）文化再生产理论

虽然鲍尔斯和金蒂斯看到了经济制度对于教育系统的决定性作用，但是正如阿普尔指出的那样，他们未能充分地阐明支配与统治的机制，而且没有说清楚这些机制在学校日常生活中的具体运作。实际上，要想对教育系统中各个因素之间的张力和矛盾进行深入的理解，就必须同时关注文化和意识形态的维度来补充单纯的经济分析（Michael W. Apple，2004：2）。而这正是布迪厄与伯恩斯坦等人的文化再生产理论所指向的工作。

与经济再生产理论不同，文化再生产理论关注教育和文化系统本身的运作，把文化作为一个相对独立的层次加以分析，而不是一定经济结构的必然产物。从 20 世纪 60 年代开始，布迪厄和帕斯隆通过对法国高等教育的一系列研究，系统地阐释了文化再生产理论。他们指出，学校并非铲除社会不平等的制度，相反，学校通过将社会差别（social distinctions）转化为教育差别——被视为能力上的差别——来再生产和合法化阶级结构（Paul DiMaggio，1979：1460～1474）。

布迪厄提出文化资本的概念，这一概念对以后的教育学和社会学产生了持续而深远的影响。所谓文化资本，是指那些对主流文化模式与实践的精通和熟练程度，诸如人际交往、语言

---

① 比如 Charles Silberman（1971）把教育的失败归结于老师的不用心，Arthur Jensen（1969）认为大多数教育问题的根源在于学生的失败和老师的无能。威利斯指出，战后的教育社会学越来越深入受教育者的家庭环境、孩童时期的经历和个人心理来寻找失败的原因，阶级、生产、制度本身被排斥在分析视角之外（Willis，1977：204）。

模式、审美情趣、格调和生活方式等。它以身体化（人身上根深蒂固的性情倾向）、客体化（文化物品）以及制度化（如教育资格认定的制度）三种形式存在。布迪厄指出，不同的阶级在文化资本的分配上是不平等的，中产阶级和统治阶级的家庭会给孩子传承很多的文化资本，工人阶级的孩子从家庭得到的文化资本却很少。因此，在进入学校之前，不同阶级的孩子在文化的规则、品味、生活的目标乃至对待教育的态度等方面已经出现了分化。

> 家庭出身并不仅仅通过经济收入影响求学的孩子，文化资本的传承也是阶级再生产的非常重要的一环。正是透过文化资本，外在的财富转化成为一个人的内在部分，转化成为惯习。（杨善华，1999：285）

这种初始社会化时期产生的不平等不仅没有通过教育被化解，反而得到了强化。布迪厄认为，教育披着合法性和中立性的"外衣"，实际上却是在进行隐秘的符号暴力。教育权威超越受教育者的选择，透过教育行动强加一种文化专断（cultural arbitrary）。这种文化专断其实就是支配阶级的精英文化。表面看来学校对所有的学生一视同仁，但实际上却是偏向那些已经获取了掌握中上层阶级文化所需的语言和社会能力的学生。

> 精英文化与学校文化是如此接近，小资产阶级出身的儿童（农民或工人的子弟更甚）只有十分刻苦，才能掌握教给有文化教养的阶级子弟的那些东西，如风格、兴趣、才智等。这些技能和礼仪是一个阶级所固有的，因为它们

就是这个阶级的文化。对一些人来讲，学到精英文化是用很大代价换来的成功，对另一些人来讲，这只是一种继承。（布迪厄、帕斯隆，2002）

因为学校的主导文化是统治阶级的文化，所以那些拥有丰富文化资本的阶级的"继承者"就获得了"先天之利"，对他们来说，学校社会化不过就是初始社会化的简单延续。在中产阶级的孩子眼中，学校虽然不是那么轻松的地方，却是能够使他们维持甚至优化其阶级地位的有价值的地方（Paul DiMaggio，1979：1460~1474），工人阶级的孩子则对精英文化感到格格不入、疏离乃至厌恶，他们自然而然地成了学校教育中的落伍者。因此，通过长期的持续不断的灌输，支配阶级的文化专断被内化为那些被认为是"国家栋梁"的孩子的惯习，从而完成了上层阶级的再生产，而工人阶级等底层阶级的后代则因为学业的失败被淘汰出局，从而完成他们作为底层的再生产。

如此看来，学校里储存的文化资本，看似是中立和自然之物，实际上却是再生产等级社会的有效的过滤器。因此，要真正理解学校的实际运作，要真正明白为何一些人成功，而另一些人失败，就不能把文化看作是中立的，是必然有利于社会进步的，相反，要看到学校所持有和发展的文化实际上是在建构不平等。

英国社会学家伯恩斯坦对学校教育的分析和结论与布迪厄非常接近，他也注意到儿童在进入学校之前由阶级地位的分野所导致的文化上的差异，以及在学校教育中这种差异被强化的事实。不同的是，伯恩斯坦是从儿童的语言形式着手研究的。他认为不同社会经济背景的儿童在早期的家庭生活中发展了不同的代码，这些代码对他们以后的学校经验有着很大的影响。

中产阶级的孩子使用的是精密型代码（elaborated code），而工人阶级的孩子使用的是封闭型代码（restricted code）。[①] 伯恩斯坦认为，不同阶级的孩子之所以存在这两种话语代码的区分，是因为家庭的影响。因此他又区分了两种类型的家庭：工人阶级的地位中心家庭（positional family）和中产阶级的个人中心家庭（person-oriented family）。在地位中心家庭中，充斥着权威、忠诚、服从这些概念。人格中心家庭则相反，较少命令而更多恳求和协商、选择性更大。为什么不同阶级的家庭有不同的话语代码和控制方式？伯恩斯坦追溯到他们在劳动分工层级中所处的不同位置。中产阶级的工作要求创造性和指导力，需要掌握普遍性的语言；工人阶级则是接受命令的群体，他们面对的情境变化不多，只要努力把自己的工作做好即可，无须面对一般化的听众，不需要创造性或者独立性这一类的价值。因此，不同的社会分工决定了不同的话语代码以及在代际间的承继。

话语代码不同本身无关紧要，其实在伯恩斯坦看来，封闭型代码较精密型代码甚至有着某种程度的优越性。[②] 但问题在于，"学校是以精密型代码及其社会关系体系为基础的。尽管精密型代码并不具有特殊的价值体系，然而中产阶级的价值体

---

① 封闭型代码的特点是简短，语法简单，不完整，重复使用连词，很少使用副词和形容词，意思含蓄而不明确，与情境高度相关，熟悉相关情境的人才能听得明白。与之相反，精密型代码是普遍的，一般性的，独立于具体的情境，逻辑上的结构是开放的。

② 封闭型代码提供了获得大量潜在的意义、大量潜在的文化精华、文化形式的敏锐性以及多样性之机会，封闭型代码提供了获得一种独特的审美观的机会，这种基础在于简缩符号中的审美观很可能会影响想象的方式。（张人杰，2008：346）

系却渗透于学习情境本身的结构中"（张人杰，2008：347）。正因如此，习得了精密型语言代码的儿童更能适应学校的教育环境，更容易在学业上成功。在这里伯恩斯坦的论述与布迪厄的分析走到了一起：看似中立的学校实际上是按照支配阶级的文化资源和规则在运作，从而使得支配阶级的孩子游刃有余，通过教育维持其上层的位置，而工人阶级的孩子则重蹈他们父辈的命运。

文化再生产理论很好地解释了为什么不同出身的孩子在学业上会有不同的表现。它深刻地透视了符号支配和控制的过程，一定程度上打开了学校这个黑箱。它关于文化资本的传承在再生产阶级地位的作用上的论述，尤其具有很强的解释价值，"文化资本"也因此成了一个广为引用的分析性概念。

（三） 抵制理论

经济再生产理论和文化再生产理论受到一些研究者的批评，被认为是过度结构化，忽视了主体的能动性。在鲍尔斯和金蒂斯提出的符应原则中，教育和文化系统完全由经济制度所决定，而教育系统自身也是一个无抗争的支配系统，因此人就是所处经济位置的反映，"在这种制度中，学生被动地面对教育制度，平静地服从他们被社会化为唯唯诺诺的工人"（鲍里斯、季亭士，1989：450）。布迪厄和伯恩斯坦的分析尽管把教育系统从经济基础的机械决定论中解救出来，但是也因为忽视了人的能动性而遭到类似的批判。威利斯指出：

> 布迪厄的理论体系固然丰富，……不过，能动作用、多样化、斗争等因素都被从历史中摒弃了。资本，即令是

雄厚的资本，也变成了一种毫无生气的惰性式占有……到头来我们得到的仍然只有一个传统的社会化模式，资产阶级轻而易举地把他们的文化传递给他们的子孙后代。（杨昌勇，2004：150）

吉鲁也认为布迪厄的分析中漏掉了"统治与抵制的交互关系"，因而：

留给我们的是那种对从属阶级和群体不抱任何信心的、对他们的生活、工作和学习于其中的条件进行重建的能力和自觉性不抱任何希望的再生产理论。（杨昌勇，2004：151）

这些批判导致了对再生产问题研究的重心从"再生产"向"抵制"和"反抗"转变。其理论基础在于：人不是木偶和哑巴，人的意识、文化和能力是变动、复杂、具有创造性的，并非再生产理论所揭示的那样由结构所决定的干巴巴的抽象物（Paul Willis，1977：205）。阿普尔指出，"社会行动者并非意识形态的被动承受者，而是积极的占有者，他们透过斗争（struggle）和竞争（contestation）以及对结构的部分洞察再生产了既存的结构"（Michael W. Apple，1995：89）。学校不仅是分配意识形态知识和价值的地方，而且是生产知识的机构（apparatus），不应该一厢情愿地把学生视为给定社会信息的消极接收者，实际上学生对于学校教导的意义往往会进行再解释，即使是接受也不过是部分接受，而且通常是拒绝和反抗所灌输的意义和价值（Michael W. Apple，1995：13）。

在这个路径上最具影响力的研究者是英国社会学家保罗·

威利斯（Paul Willis，1977）。通过对 12 个工人阶级家庭出身的"小子"从学校到工厂的两年半时间的研究，威利斯展现了他们对主导价值和支配秩序的抵制与反抗，并且解释了这种抵制与阶级再生产之间的悖论。这些"小子"反抗老师的权威，瞧不起勤奋学习、规矩顺从的好学生；他们形成了非正式的组织，反抗学校的价值和规范，以各种方式寻求乐趣和刺激；他们对学习毫无兴趣，却对打零工赚零花钱情有独钟。

然而，吊诡的是，反学校文化虽然洞察和批判了占据主导地位的个人主义意识形态，却强化了脑力劳动和体力劳动的分化以及男性和女性之间的性别分化。也正是这些分化抑制、瓦解和阻止了文化洞察所带来的打破阶级关系，实现自身解放的政治潜能。在"小子"们排斥学校、排斥个人主义意识形态的时候，他们也同时排斥了脑力劳动，因此不得不从事低工资且没有发展前途的工作，也正是从这个意义上完成了阶级的再生产。

如此看来，对学校教育的抵制和反抗既没有满足个人的需要也没有为工人阶级的地位带来任何实质性的改变。但是在威利斯看来，这种创造性的抵制并不是毫无意义的，它蕴含着促进进步、集体变革和社会变迁的可能。另外，他也试图由此阐明"创造性和再生产可以在一个文化内部始终矛盾地并存，一个方向的文化选择完全可以带来另一个方向的意外后果，只有承认和理解了存在于被支配群体文化生产过程中的这个内在张力，以及它们如何被牵涉到了再生产当中，我们才能真正理解底层再生产的真实逻辑和机制"（转引自吕鹏，2006）。

威利斯的研究，因为揭示了文化的相对自主性以及再生产过程中从属群体的抵制而备受推崇。在此之后，关于学校中抵制行为的研究成为流行的学术话语，并且形成了所谓的抵制理论。[①] 美国教育学家及社会学家阿普尔和吉鲁是其中的代表人物。在 1982 年写作《教育与权力》一书时，阿普尔对自己先前所表示出的强烈的再生产倾向进行了反思，他追随威利斯的研究，指出应当关注人的能动性，关注学校中存在的各种各样的反抗行为。吉鲁于 1983 年写成了《教育中的理论和抵制》一书，把文化视为一个充满了争夺的实践的场域，通过强调学校的冲突和抗争，在主体和结构之间、人在学校的能动的经验和学校所勾连的各种社会权力关系之间，达成一种多维度的辩证的理解，从而对再生产理论进行重构（Michael Ryan，1984：469 ~ 473）。

　　然而吉鲁和阿普尔的最大贡献在于他们在抵制理论中注入了解放和变革的内涵。在早期关于抵制的研究中存在明显的问题：一方面"抵制"这一术语的使用存在着较大的混乱，另一方面没有形成核心的分析性概念和判断，对于抵制到底是什么未能达成比较清楚和一致的认识。在这种情况下吉鲁和阿普尔对早期的抵制理论进行了批判、总结和提升。吉鲁指出，"马克思主义者们如果不想把抵制理论仅仅当作一个口号，就必须更为精确地对抵制进行界定：什么是抵制，什么不是抵制"（杨昌勇，2004：159），在吉鲁看来，只有那些积极的、建设

[①] Kingston 认为抵制理论的产生，部分是由于理论重构的需要，部分则出于马克思主义意识形态的需要。如果真如符应原则和文化再生产理论所揭示的那样，学校不过是一个生产和再生产支配性社会关系的机构，那么社会变迁的动力从何而来？马克思主义者们从学校中发生的各种"反抗"行动看到了希望，他们认为，学生们对学校系统的反抗和抵制为将来从根本上挑战资本主义霸权埋下了种子（Kingston，2008）。

性的、反对控制与屈从的对抗行为才能算是抵制。这种行为意在改善被支配群体的不利地位，因而可能带来群体和个体的解放，"改善人类生活"。因此，"吉鲁把有的激进教育家将教师一完课就赶快往家跑甚至备课不充分也当作抵制大不以为然"（杨昌勇，2004：159），而"小子"们的反学校文化也不属于他所推崇的能改善人类基本生活、富于解放的抵制行动之列。

这种取向使得吉鲁和阿普尔的理论表现出很强的批判性和实践性。阿普尔反对学者埋首书斋或在学院的象牙塔内垒窝筑墙。作为一位民主战士，他的许多著作，如《教科书的政治学》《官方知识》《被压迫者的声音》等，无一不是针对美国"右翼"势力的战斗檄文。他认为学者应该起来参与社会运动，以捍卫民主教育，维护社会正义和平等，尽最大努力维护被压迫者的话语权和利益。吉鲁则试图建立一种公民教育，他认为公民教育是实现公共领域的关键。为了实现公民教育的理想，老师需要反思学校隐蔽的课程以及学校所处的意识形态和社会权力关系。而激进理论家也应该改变提问的方式，他们的问题应该从社会和文化的再生产转向社会和文化的生产，从社会如何为了资本的利益再生产，转向那些被排斥的大多数如何已经和如何可能发展制度、价值和实践来维护他们自己的自主利益（Michael Ryan，1984：469~473）。

应该说，抵制理论的兴起，是对先前之再生产理论的一种翻转。从研究的视角上来讲，它从结构化的分析转向了对主体的能动性的探求，从所关注的焦点来看，它从"再生产"转向了"生产"，因为被支配群体的抵制和反抗意味着不平等的阶级关系和社会结构的再生产并非铁的规律，相反，它们很可能被颠覆和改变。正是这一点使得这些马克思主义理论家们看到了社会前进和变迁的希望。

至此，本书对再生产理论产生的背景、分析视角以及理论建构进行了概要的阐述。经济再生产、文化再生产与抵制理论这三种理论模式尽管从时间上并不构成前后的承继关系，但是它们却描绘了这样一幅理论脉络的图画：即从结构性的宏大叙事转向对具体机制和过程的分析，从关注结构性力量对主体的规制转向对主体的创造性与能动性的探求，从而形成了从结构和主体的两重维度、从微观和宏观的两个面向来对教育与阶层再生产问题做出解读，构建了理论图景。这为我们考察中国经验中的阶层再生产问题提供了有用的视角和分析方法。

二 国内学界关于教育与社会分层的研究

国内学界对于教育与社会分层的关系、教育生产社会不均等的过程和作用机制等也进行了很多研究，形成了丰硕的研究成果。这些研究主要从家庭背景、学校制度和城乡差异等方面展开。

（一）家庭背景与教育不均等

一些研究者着力于探求家庭的阶层地位与教育机会获得之间的关系。刘精明（2006）通过对 2003 年全国综合社会调查数据的分析，指出社会优势阶层子女在大学本科教育方面的机会优势在成倍扩大。杨东平（2006）通过对部分高校不同家庭背景大学生的调查，认为高等教育扩招之后，高等教育的入学机会的阶层差距呈扩大趋势。刘慧珍（2007）通过对不同层次高校学生的家庭背景的分析，指出低社会阶层子女在高等教育内部分化中更多集中于低层次学校。方长春和风笑天通过对马鞍山市市区初中毕业生的教育分流情况的研究，指出考试这种分流的技术性手段并不是依据纯粹的绩效原则，而是受到世袭的背景原则的影响，家庭的社会经济背景作用于教育分流的结果，且这种作用是通过影响每一级的分流而累积实现的（方长春、风笑天，2005）。

近几年来，研究者已经不限于对家庭背景与教育机会之相关性进行证实，而是致力于探求教育生产不均等的过程。王甫勤（2012）引入教育期望作为家庭背景影响子女教育获得的中间机制，发现具有优势地位的父母对子女上大学有较高期望，而这激发了子女本人的教学期望，从而增加了他们获得大学教育的机会。吴愈晓和黄超（2016）发现，改革开放以来基础教育阶段优质教育资源在不同阶层群体间的分配不均问题日益突出，导致学校出现阶层分割现象，阶层分割进而影响学生的教育期望（吴愈晓、黄超，2016）。李忠路发现，家庭背景通过教育机会差异和家长教育参与两个机制影响儿童学业成就，而且通过本科就读学校类型和学习成绩两个机制影响研究生教育机会获得（李忠路、邱泽奇，2016；李忠路，2016）。侯利明（2015）认为，我国学历驱动的社会背景、单轨制的学校系统和绩效主义的选拔机制导致家长将学历下降回避作为重要的教育策略，从而揭示了家庭背景影响教育获得的微观动力机制。

（二）学校环境/制度设置与教育平等

庞圣民（2015）讨论了重点学校和课外补习班这两项分别表征再分配逻辑和市场逻辑的教育资源配置对学生升学的城乡差异影响。他发现，就读于重点中学的城乡学生升学机会不平等并未显著扩大，而就读于非重点中学的城乡学生升学机会不平等在课外补习班这一因素的影响下迅速扩大。张阳阳和谢桂华将研究视角细化到班级环境，发现与班级的组织结构特征相比，班级的学业氛围特征是班级影响学生期望的主要途径（张阳阳、谢桂华，2017）

　　由于家庭背景和学校环境/制度设置往往存在相关关系，一些研究同时考察了家庭背景和学校制度设置的影响。吴愈晓（2013）发现，家庭社会经济地位变量影响子女的升学路径。家庭社会经济地位越高的学生，越有可能进入重点学校，更可能选择学术教育轨道而非职业教育轨道。此外，前一阶段在重点学校就读对获得下一阶段重点学校教育机会有重要影响。吴晓刚（2016）发现，个体进入何种层次的高校与家庭背景和重点中学制度有关。吴愈晓等认为，文化资本的效应在家庭社会经济地位更高以及学校质量更好的情况下更大，从而揭示了文化资本在家庭和学校中的双重再生产现象（吴愈晓、黄超、黄苏雯，2017）。唐俊超（2015）比较了在教育的不同阶段，家庭背景和学校等级对教育成就的影响的变化情况，发现在"小学—初中—高中—大学"的升学过程中，家庭背景的影响逐渐降低而就读学校等级的影响逐渐提高。

（三）城乡教育机会不均衡

　　在对中国的教育与社会分层的研究中，城乡差异一直受到学者的关注。余秀兰（2006）较早地运用文化资本的概念阐释城乡之间以及不同阶层的人群之间由文化资本的差异导致的教育差距和社会地位的再生产。李春玲（2014）认为，中等教育的城乡不平等是教育分层的关键所在。孟凡强等指出，高等教育扩张过程中城乡居民接受高等教育的比例增长不平衡，尽管扩招对提高城乡居民获取高等教育机会均有正向作用，但城市居民的优势更大，因而城乡教育机会不平等还在加剧（孟凡强、初帅、李庆海，2017）。路晓峰等认为，高校扩招缩小了高等教育发达地区内部的城乡差距，但非均衡的扩招又间接扩大了全国总体的城乡高等教育入学机会差距（路晓峰、邓峰、郭建如，2016）。李代（2017）认为，地域之间高等教育入学机会不均等可能呈现"阈值依赖"的非线性趋势，即对于不同的分数线，地域不均等程度有别，且此程度随着分数线的不断降低呈现出先升后降的变化。庞圣民（2016）发现，20 世纪90 年代以来，城乡间高等教育机会不平等愈演愈烈，高等教育机会不平等肇始于小学升初中和初中升高中两个阶段，原因是在非重点初中的城镇学生从"课外补习班"收益最大。

本书试图从教育出发寻求农民工子女的阶层再生产的逻辑。西方的再生产理论为本书带来较大启示。其一，教育不能与总体的经济和社会结构相分离，因此应将教育放置于更大的经济社会条件中去考察，而不是就教育论教育。其二，在面对教育与社会分层的问题时，除了看到结构性力量对人的塑造和限制，还应关注人的主体性，洞悉人如何在结构下思考和行动，人的行动如何反作用于结构。因此，本书虽然着眼于教育，尤其是学校教育，但是并没有限于教育本身，而是试图从转型中国的社会经济条件和运作方式出发，对塑造农民工子女教育形态的制度性因素进行揭示。本书也将追随威利斯的文化研究路径，对农民工子女的文化形式进行考察，以发现主体如何去体验、认知、回应其所置身的社会结构。

国内学界关于教育与社会分层的诸多研究也为本书提供了

很好的分析视角和解释思路。本书的研究希望能在三个方面对国内学界的相关研究有所补充和丰富。

一是研究对象的细化。既有关于教育与社会分层的研究大多具有宏大叙事风格，或者按照历史阶段对教育分层状况进行总体性刻画，或者按照优势阶层/非优势阶层、城市/农村的二分进行两类人群的比较。本书对研究对象进行了细化和具体化，集中考察在农民工子女这一群体身上教育与社会分层和社会流动之间的关系。

二是解释路径的拓展。如前所述，国内学界对教育分层的研究多从家庭背景、学校设置和城乡差异这几方面展开。本书对农民工身份地位代际再生产现象的解释，也涉及学校制度、家庭文化资本、城乡教育资源配置等方面，但同时还纳入了社区共同体、家庭结构等要素，并提出了劳动力更替的低成本组织模式这一在笔者看来更根本的变量。

三是研究方法的补充。在社会分层和社会流动的研究领域，居主流地位的是以问卷调查和统计模型为基础的定量分析。尤其是关于社会流动的研究，往往使用非常复杂严谨的统计方法，因而已经成为社会研究诸领域中量化程度最深的一门。固然这样一种分析方式有助于清楚而直观地表现变量之间的关系，也特别有助于进行大范围的整体性的分析和调查，但是却多少忽视了对于具体机制和过程的具体分析。就教育分层研究来看，教育往往是作为影响个人社会地位的诸多因素之一，被纳入一种静态的分析，诸如父亲的教育程度、个人的受教育水平对个人地位获得的影响等等，从而掩盖了教育具体作用于人的社会经济地位的复杂而丰富的过程。尽管近几年来，教育分层研究的焦点已经从教育获得不均等研究转向探讨不均等产生的过程或中间机制，但是这些研究仍以量化分析方法为主，因而研究结果在简约和精确之余，总显得丰富性不足。

本书使用质性研究方法，通过田野调查资料展现农民工子女的文化形式，他们对教育的认知和行动策略，并将家庭、社区、学校教育，以及制度设计等因素纳入分析，以对影响农民工子女社会流动的具体机制予以更丰富、更饱满的呈现。

第三章　历史进程中的农民工
与他们的孩子

　　根据国家统计局《2017 年农民工监测调查报告》，截至 2017 年，全国农民工总量为 28652 万人，其中，外出农民工 17185 万人。作为国家经济建设的主力军，新时代产业工人阶层的主体力量，他们是"中国奇迹"的主要缔造者，是城市建设和城市发展的重要支柱。

　　农民工是中国社会独特的社会历史条件下的产物。据查，"农民工"的称谓是 1984 年由中国社会科学院的张雨林教授在一篇文章中首次提出，随后被大量引用。"农民工"由是成为学界、媒体普遍使用的概念，并于 2006 年 1 月，被第一次写入中央政府具有行政法规作用的文件——《国务院关于解决"农民工"若干问题的意见》。而在其后的几年中，又出现了"进城务工人员""新产业工人阶层""城市新移民"等新的称呼。这些称谓的改变表明国家和整个社会对农民工从限制、排斥、歧视到接纳、认可、承认这一在认识和具体态度上的转变。

　　本书使用"农民工"这一称谓，一方面是因为这仍然是对这一群体惯常使用的称呼；另一方面则是因为，这一称谓特别凸显了此社会群体的独特意涵。它意味着这些农村劳动力的双重身份：既是农民，又是工人。或者说虽然他们从事工人的工作，但是从户籍身份上来说仍然是农民，而且在农村还有承包的土地。他们与农村仍旧有着千丝万缕的联系。

本章将追溯农民工形成的历史背景和过程以及农民工在当代中国的社会地位。这将成为后续探讨流动/留守儿童问题以及农民工代际流动问题的前提和基础。

一 农民流动的历史进程

中国农民大规模从农村向城市流动始于 1978 年的改革开放，在此之前几乎 30 年的时间里，农民被牢牢地束缚在农村的土地上。1949 年中华人民共和国成立之后，以法律规定了公民居住和迁徙的自由，但是自 20 世纪 50 年代中期开始，政府通过户口迁移与登记制度以及与之相联系的一系列粮油、就业、社会福利制度，严格控制农村人口向城市的流动，从而在城市与乡村之间构筑了一道不可逾越的鸿沟。

受到苏联经验的影响，新政府采取了推行以发展重工业为中心的工业化发展战略。这一宏图大计一方面要求确保农民工留在土地上生产粮食以保证城市居民参与工业化和城市现代化的需要（苏黛瑞，2009：38）；另一方面则要限制城市人口的规模以避免额外加添城市的负担。不仅如此，最大限度地减少人口流动，从而对人口进行精确的统计，也是顺利而有效地开展计划经济的需要。出于对这些因素的考虑，国家从 1955 年开始对农村人口向城市的流动加以控制。1955 年，国家颁布了《关于建立长期的户口登记制度的指示》《关于提供城市粮食配给的临时方法》和《关于划分城市地区与农村地区的标准》，从而"围绕城市划定了一条清晰而又顽固的界限，除非明确地受到邀请，否则农民如果跨过这一界限流动，要自负责任。即使他们胆敢越过这一界限——受到一定的赞助和支持——他们仍旧还是'农民'"（苏黛瑞，2009：46）。

然而，在某些时候，出于经济发展的目的，国家也允许甚至鼓励农民的流动，使之成为服务于工业化需求的劳动力后备大军。1957年底，国务院建立了一套把农民作为一种临时性的低成本劳动力加以雇佣的正式制度，以制度化的形式保证了城市经济发展所需的劳动力供给。1958年开始的"大跃进"运动导致了对劳动力需求的急剧增加，城市的企业因此招用了大量的流动农民。但是1959年因为严重的食品短缺，国家不得不重新对城市人口进行限定，在1960年前后将大批农民遣返回乡。虽然如此，"企业要求临时使用农民劳动力的愿望并没有任何减退"，从1966年到1976年，经城市劳动部门批准而被允许进入城市的农民达到1300万到1400万人（苏黛瑞，2009：44）。

不过总的说来，直到1978年改革开放之前，农民是与农村和农业紧紧地捆绑在一起的。他们中间的一些人有时以很低的工资被城市的企业临时雇用，但是一旦经济不景气或者出于政治上的需要，他们就会被要求回到农村。

1978年开始的改革开放政策对社会生活的各个方面带来了前所未有的冲击，这也为农民进入城市生活和工作带来了契机。一方面，城市在就业、粮油等新政策上的软化使得农民可以在国家垄断之外获取日常生活必需品，从而为他们在城市的生活提供了可能；另一方面，城市经济与建设的发展刺激了对低工资的灵活的农村劳动力的需求。[①] 此外，农村人民公社的解体和家庭联产承包责任制的推行，也为农民进城务工经商在体制上和时间上提供了条件（俞德鹏，2009）。于是，被束缚在农村土地上20年之久的农民开始了向城市的流动。

在1984年以前，由于政府的严格控制[②]，农民非农化的主要途径是进入乡镇企业，即所谓的"离土不离乡，进厂不进城"。但是农村剩余劳动力转移就业的需要，以及农村改革的巨大成功和城市就业压力的缓解，促使政府从1980年代中期开始放松控制农民工进城的政策。1984年1月，中共中央发出的《关于1984年农村工作的通知》肯定了农村劳动力对城乡经济发展的作用，并指出应允许并鼓励"农民自理口粮进城务工经商"，这标志着农民向城市迁徙的严格限制政策开始松动，农民工问题也由此走进社会和学术的视野之中。[③] 1985年1月

---

① 1980年，广东依靠邻近港澳的区位优势，开始实验推行"三来一补"产业政策，后发展为全面吸引外商投资，而江、浙地区则由地方政府和村集体主导，大力发展乡镇企业。这一时期，无论是外商投资，还是民营企业，都以劳动力密集型为主，对低成本劳动力需求十分旺盛，结果导致广东、江浙等地本地剩余劳动力很快被吸收殆尽，跨区域农村剩余劳动力流动开始出现。参见：孙中伟、刘林平，《中国农民工问题与研究四十年：从"剩余劳动力"到"城市新移民"》，《学术月刊》2018年第11期。

② 如，1980年全国劳动就业工作会议通过的《进一步做好城镇劳动就业工作》和1981年国务院出台的《关于广开门路，搞活经济，解决城镇就业问题的若干决定》这两个文件，都强调要严格控制农村劳动力的流动，尤其控制其涌入城镇。

③ 1984年出台的相关政策文件还有：1984年6月国务院发布的《矿山企业实行农民轮换工制度试行条例》，1984年10月劳动人事部、城乡建设环保部联合颁发的《国营建筑企业招用农民合同制工人和使用农村建筑队暂行办法》，1984年12月劳动人事部发布的《交通、运输部门装卸搬运作业实行农民轮换工制度和使用承包工试行办法》。

1 日，中共中央、国务院发布了《关于进一步活跃农村经济的十项政策》，提出要"在各级政府统一管理下，允许农民进城开店设坊，兴办服务业，提供各种劳务"。也正是从 1985 年开始，"农村外出劳动力作为统计指标正式纳入统计体系，这也可以看作是对农民外出务工这一事实的一个正式承认"（王小章、冯婷，2018）。与此同时，从 1985 年到 1990 年，农业收入增长缓慢，但是农民税费负担不见减少，反而攀升，这迫使大量农民外出打工（王春光，2005：81）。国家相对宽松的政策与生存的需要，共同促成了 20 世纪 80 年代末第一次大规模的"民工潮"。

从 1988 年下半年开始直到 1992 年之前，国家经济增长速度放缓，政府重新加强了对农村劳动力外出的限制。从 1989 年开始之后的三年间，中央接连下发了一系列文件①，强化对城市企业单位使用农民工的限制，强调解决农村劳动力过剩的根本办法是"离土不离乡"的就地转移。在政府的严控之下，部分农民工开始回流。

1992 年成为农民工政策的又一个转折点。邓小平南方谈话之后，城市经济体制改革全面铺开，粮票制度在全国基本废除，城市经济发展对农村劳动力流动的需求非常旺盛，国家的政策也因此从严控向规范农民工有序流动转化。② 这使得 20 世

---

① 1989 年初，国务院发布《关于严格控制民工盲目外出的紧急通知》；1990 年 4 月，国务院发布《关于做好劳动就业工作的通知》；1991 年 2 月，国务院办公厅发布《关于劝阻民工盲目去广东的通知》；1991 年 7 月，国务院发布《全民所有制企业招用农民合同制工人的规定》。

② 相关政策文件有，1993 年劳动部发布的《关于印发〈再就业工程〉和〈农村劳动力跨地区流动有序化——"城乡协调就业计划"第一期工程〉的通知》；1994 年劳动部发布的《农村劳动力跨省流动就业管理暂行规定》；2000 年劳动和社会保障部办公厅发布的《关于做好农村富余劳动力流动就业工作的意见》等。

纪 90 年代以后农民工群体规模急剧扩大，并在 90 年代中后期达到高潮（周大鸣，2017）。1993 年全国农民工达到 6200 多万人，比 1989 年增加了 3200 多万人；其中跨省流动的约为 2200 万人，比 1989 年翻了一番多（中国农民工问题研究总报告起草组，2006）。

有学者指出，改革开放的前 20 年中，尽管农民工的流动获得了合法性，但是依然被贴上了"盲流"的标签，起初他们被视为优质劳动力，到后来则被看作城市社会问题的制造者。这主要是因为农民工大量进城引致城市出现了包括就业、公共设施、治安等多方面的社会问题，因而引起了城市居民和管理部门的紧张（孙中伟、刘林平，2018）。

21 世纪以来，国家对农民工问题日益重视，农民工政策也发生了积极的变化，由前一阶段旨在促使农民工有序流动的管理引导，开始转向在城乡统筹下扶持农民工进城就业。之所以产生这样的转变，除了政府强调"以人为本"的执政理念，一个重要原因是劳动力从富余逐步走向短缺，最明显的表征就是 2004 年"民工荒"在珠三角地区的出现（孙中伟、刘林平，2018）。政府逐步消除了对农民工的歧视性、限制性法规；废弃了收容遣送制度；出台了《最低工资规定》；2007 年相继出台《就业促进法》《劳动合同法》和《劳动争议调解仲裁法》，为维护农民工的劳动权益提供了制度保障。

随着农民工工作条件的改善，如何切实融入城市成为农民工的新诉求。2010 年 1 月 31 日，国务院发布的《关于加大统筹城乡发展力度进一步夯实农业农村发展基础的若干意见》要求采取有针对性的措施，促进符合条件的农业转移人口在城镇落户并享有与当地城镇居民同等的权益，帮助新生代农民工实现市民化。党的第十八次全国代表大会提出要"加快户籍制度改革，有序推进农业转移人口市民化，努力实现城镇基本公共服务常住人口全覆盖"。让农业转移人口更充分地共享改革发展成果成为政府农民工政策的基本目标（王小章、冯婷，2018）。政策的转向和经济的拉动，促成农民工总量持续增长。2004 年外出农民工约为 1.18 亿人，加上在本地乡镇企业就业的农村劳动力，农民工总数约为 2 亿人（国家统计局，2006）；2015 年农民工数量高达 2.77 亿人，2017 年进一步增加到 2.86 亿人。

如此大规模的人口流动不仅推动了国家的经济建设和经济发展，同时也对城市、农村、国家制度和政策以及整个社会生活和社会结构带来了深远的影响。在 20 世纪 90 年代，涌入城市的农民工被许多人视为社会稳定的影响因素。城市居民则多少带着些"敌意"来面对这个似来争夺社会资源的庞大群体。农民工搅动了城市就业结构和人口结构的变化，为城市治理提出了严峻的挑战。农民的流动也被视为改变了国家与社会关系的模式。有学者指出，农民工在城市多依赖血缘关系和地缘关系而不是正式的组织和制度来处理各种事务，这推动了市民社会或"非国家空间"的形成，使得改革开放前重国家轻社会的状况得以改变（王毅杰、王微，2004）。

一些学者从现代性理论或依附理论出发，认为与现代产业和现代文明的接触，使得农民可能挣脱乡土关系的束缚，以"城里人"为参照群体形成新的价值观和生活方式，从而实现从传统向现代的转变（周晓虹，1998；王毅杰、王微，2004）。此外，农民的流动缓解了耕地资源紧张的局面，减弱了农业内卷化的趋势，不仅提高了他们自身的收入水平和经济地位，而且他们的汇款促进了乡村经济的发展，对于减少贫富差距具有积极影响（王毅杰、王微，2004；黄平，1998；李强，2001）。在进一步的研究中，一些学者展现了农民流动对农村在多个层面上的影响。比如爱尔兰学者墨菲认为，农民工不仅改变了农村贫困人口的生活水平，提高了农村人口的素质，而且增加了他们自身可用来讨价还价的资源和能力，"农民的流动及其对资源日益增强的控制，使他们获得了一个与其他社会成员进行对话的更有利地位"（瑞雪·墨菲，2009）。谭深则认为，尽管农民的流动对于经济的发展表现出积极作用，比如绝对贫困大幅度减少，生活水平普遍提高，但是在社会和文化方面带来了消极的影响：包括社区凝聚力的减弱，功利价值观的泛滥等等。而且在持续的流动中，阶层之间的差距不仅没有消除，反而有所扩大（谭深，2009）。

总而言之，成千上亿的农民从农村向城市的流动，从农业向非农产业的转移，从中西部欠发达地区向东部发达地区的聚集，这成为转型中国社会一幅壮丽的图景。这场大规模长时段的持续不断的流动，深刻地影响了社会生活的方方面面，而流动的主体——农民工自身的命运也在流动中被不断模塑和改变。

二 从流动到融入：学界关于农民工
研究的视角转变

40多年来，国内学界围绕农民工群体进行的研究可谓汗牛充栋。在20世纪之前，关于农民工的学术研究主要集中在"流动"上，即考察农民工流动的方式、流动的原因、农民工流动对流入地和流出地的影响等。①

进入 21 世纪之后，关于农民工的研究视角更为多样化，研究的主题也更为丰富。大致说来，既有研究主要集中于以下几方面的主题：城市融入和市民化、劳动过程与抗争行动②、身份认同③、职业流动④等。虽然主题多样，但是不难看出，农民工的城市融入和市民化问题是当下学界关注的重点。除了难以胜数的关于农民工子女受教育权利的研究之外，直接探讨农民工城市融入意愿、市民化路径和机制的研究比比皆是。在某种意义上，正是学界大量的调查研究和呼吁，促成了国家关于推动农民工市民化相关政策的出台，而国家政策导向则反过来进一步推动了学术研究的深化。

因此，正如一些学者所指出的那样，对农民工的研究经历了从"流动"到"公民权"的转化。蔡禾认为，"上个世纪80

---

① 这方面的研究，如李强，《中国大陆城市农民工的职业流动》，《社会学研究》1999 年第 3 期；周大鸣，《渴望生存——农民工流动的人类学考察》，中山大学出版社，2005 年。

② 相关研究如，刘建洲，《农民工的抗争行动与及其对阶级形成的意义》，《青年研究》2011 年第 1 期；周潇，《关系霸权：关于建筑工地的一项田野研究》，清华大学硕士论文，2007 年；何明洁，《劳动与姐妹分化——"和记"生产政体个案研究》，《社会学研究》2009 年第 2 期；卢晖临、潘毅，2014，《当代中国第二代农民工的身份认同、情感与集体行动》，《社会》第 4 期。

③ 相关研究如，周贤润，《从阶级认同到消费认同：农民（工）身份认同的代际转向》，《中国农业大学学报（社会科学版）》2017 年 8 月刊；卢晖临、潘毅，2014，《当代中国第二代农民工的身份认同、情感与集体行动》，《社会》第 4 期；潘泽泉、何情，《居住空间、社会交往和主观地位认知：农民工身份认同研究》，《湖南社会科学》2017 年第 1 期。

④ 相关研究如，纪韶、王珊娜，《农民工职业流动轨迹和职业向上发展调研报告》，《调研世界》2015 年第 4 期；李萍，《"发展型"择业观、工作转换与新生代农民工职业的"去体力化"》，《青年研究》2017 年第 2 期。

年代，人们关注的是打破城乡劳动力市场分割，使农民获得合法、平等地在城市就业的权利；90 年代，人们进一步关注到与农民工城市就业相联系的如失业保险、工伤保险等社会保障权利；进入 21 世纪，人们的注意力开始从农民工的社会保障权利转向公民保障权利，如义务教育权利、生存保障权利等"（蔡禾、王进，2007）。王小章指出，对当代中国农民工的研究经历了一个从生存论预设下的"生存—经济"叙事模式到公民权①视野下的"身份—政治"叙事模式的转变。他认为，如果说"生存—经济"叙事模式"主要着眼于农民工的基本生存需求而从农民工与自身的关系中来界定农民工问题"，那么公民权视野下的"身份—政治"叙事模式则"主要着眼于农民工在中国社会中的身份地位，从而倾向于从农民工与其他社会成员、与国家的关系中来界定农民工问题，关注的是农民工这个主体与其他社会主体之间的关系"（王小章，2009）。这些研究多在"农民工与中国社会分层""户籍制度与中国三元社

---

① 关于公民权的含义和具体内容，最经典的或许是马歇尔的论述。马歇尔在《公民权与社会阶级》一书中，对公民权给出了一个基本定义："公民权是给予那些是一个共同体的完全成员的一种地位（status），所有拥有这种地位的人就这种地位所授予的权利和义务而言是平等的"（Marshall，1992：18）。从这个定义可以看出：其一，公民权指涉一种地位，并包含权利和义务两个方面；其二，公民权代表一种平等原则。马歇尔指出，公民权包括三个基本维度或三个组成要素，即民事权（civil rights）、政治权（political rights）与社会权（social rights）。民事权的核心内容是"人的自由"；包括人身自由，言论、思想和信仰自由，占有财产和签署有效契约的权利以及寻求正义的权利。政治权指参与履行政治权力的权利，即政治上的选举权与被选举权（Marshall，1950：8）。社会权则是指"从享受少量的经济和安全的福利到充分分享社会遗产并按照社会通行标准享受文明生活的权利等一系列权利，与之最密切相关的机构是教育系统和社会服务"（Marshall，1992：8）。

会结构""农民工的城市融入""农民工市民化"这些议题中展开（王小章，2009）。

农民工城市融入的问题之所以受到学界和政府的高度关注，是基于以下两方面的原因。其一，农民工数量持续增加，且在城市居住的期限不断延长，但是他们在城市的居住和生活仍旧面临一系列的制度性障碍。尤其是新生代农民工对农民工的城市融入和市民化问题提出了更为直接和严峻的挑战。"新生代农民工"是指 20 世纪 90 年代离乡打工的那一代农民工，也被称为"第二代农民工"。[①] 他们中间相当一部分人外出打工是因为羡慕和向往城市人的生活方式而不是养家糊口。他们对乡土社会的依恋减少，扎根于城市的倾向增强。近年来，日益加剧的"征地拆房"更将他们挤压出来，使得他们几乎丧失了返回乡村的可能。如果他们不能见容于城市，最终可能会形成一个游离在农村社会体系和城市社会体系之外的一批无根的"游弋人"（王春光，2010）。另有学者则指出，第二代农民工对外出抱持着更多的期待，却经历了更深刻的城乡断裂，所以表现出更为强烈的愤怒和不满（卢晖临、潘毅，2014）。其二，农民工子女的教育问题日益突出。随着农民工举家迁徙新模式的出现和日益普遍，不少农民工将孩子带到城市，但是这些流动儿童的受教育权利没有得到相应的保障，而那些被留守在乡村的孩子面临的诸多问题也在很大程度上归因于农民工虽然在城市工作，却未能享有作为城市居民应享有的权利。

---

① 也有学者对第二代农民工的界定不同，如卢晖临（2014）将其定义为"在改革开放年代出生和成长，并于世纪之交进入劳动力市场的那部分打工者"。

三 农民工子女问题的浮现

在 20 世纪 80 年代的第一波民工潮中，多是男性农民单身外出打工，妻子与孩子留守家乡。到 90 年代，农民夫妻双双外出打工的趋势开始出现。究其原因，一是随着改革开放的深化，城市对农民流动的限制进一步放松，而且工业化、市场化的扩展以及中国加入全球经济而带来的经济膨胀，导致了就业机会的增多，尤其是对于无特殊技能的低成本劳动力的需求增大，这为农民到城市务工客观上提供了条件（苏黛瑞，2009；杰华，2006）；二是农村的经济条件进一步恶化。尽管改革开放初期农民获益较大，经济地位得以提高，但是 1997 年之后，农民开始呈现经济社会地位下降的趋势。农业经济明显滑坡，农产品产量和价格下降。同时农民承受的各种税费的负担很重，国家对农村公共产品和服务的投入比重逐年下降，而且城市和城市工业通过土地征用、"剪刀差"等方式对农村资源的抽取日益严重（陆学艺，2004）。秦晖指出，1994 年的分税制改革，强调财政上中央集权但不集责，出现所谓"财权上收，事责下放"的趋势，这致使"基层教育、医疗等公共品供应出现短缺，尤其以农村为甚，而在维持'事责'的名义下，农民负担却日益加重……"（秦晖，2008）。所有这些都导致了农村生存条件的恶化，这就使得一个家庭中夫妻双方往往不得不一起外出打工以改变家庭恶劣的经济状况。

不过除了这种寻求生存的需要，其他一些因素也推动了农民向城市的流动。如杰华所说，"由于电视的影响和跨地区交往的增加，人们想走出去看看外面世界的愿望如今变得更加清晰，改善自己物质生活的愿望，加上一些人（注：尤其是女性）希望逃避压迫或者家庭冲突的需要，进一步驱使农村人走向城镇"（杰华，2006：4）。另一个不常被人提及的原因在于，农民工因单独外出而导致家庭"解构"，引发了严重的婚姻危机。所以但凡有条件，他们首先选择夫妇乃至全家一起外出。

总之，到20世纪90年代中期，农民工流动的模式发生了转变，很多妻子不再留守乡村，而是追随丈夫到城市务工。流动儿童和农村留守儿童现象也就由此出现。

关于流动儿童和农村留守儿童的定义，不同的学者界定有所不同，不同的统计机构也有不同的统计口径。如段成荣在其研究报告中，一般将流动儿童定义为流动人口中14周岁及以下的儿童人口，流动人口则是"居住本乡镇街道半年以上，户口在外乡镇街道"或者"在本乡镇街道居住不满半年，离开户口登记地半年以上"，同时户口在"本县（市）其他乡镇街道"或"本省其他县（市）市区"或"省外"的人口（段成荣、梁宏，2004）。农村留守儿童的界定则更为复杂：从对"儿童"的界定上看，有16岁以下、6~14岁、6~16岁、14岁以下、18岁以下数种；对"留守"的界定上也各有不同。但是已达成的基本共识是：（1）居住在农村地区，属于农民身份；（2）父母双方或一方外出；（3）发生一定长时间的亲子分离，未成年子女不能同父母双方共同生活在一起。

虽然不同的定义和不同的计算方法导致关于流动儿童和留守儿童的数量估计多有出入，但是毫无疑问，这是两个数量极为庞大的群体。段成荣（2013）根据人口普查数据测算出2005年全国农村留守儿童为5861万人，2010年全国农村留守儿童为6102.55万人（占农村儿童的40%，全国儿童的22%），五年间增加了 242 万人。至于流动儿童，段成荣根据第五次人口普查数据推算出 14 岁以下的流动儿童在 2000 年的数量约为 1409.6 万人（段成荣、梁宏，2004），吴霓根据第六次人口普查数据推算出 2010 年农村户籍流动儿童数量在 2800 万人左右。

　　值得一提的是，"流动"与"留守"是农民工子女的两种生存状态，同一个孩子可能会有多次流动与留守转换的经历。吕绍青曾提出"动态留守"现象。她在对北京的 150 个研究对象的访谈中发现，约一半左右的农村留守孩子曾有过随父母流动的经历，小学阶段留守处于动态活跃期，进入初中后，留守状态相对稳定（吕绍青，2007）。从这个意义上说，流动儿童和留守儿童可以视为一个群体而非两个群体，甚至有研究者据此认为所谓留守儿童的规模是一个"伪问题"（罗国芬，2005；罗国芬、佘凌，2006）。

　　规模庞大的农民工子女，因为面临的各种问题，引发了全社会的关注，也催生了诸多的学术研究。这些研究对于呈现农民工子女的状况和诉求具有不容否认的价值，但是也有其局限，具体表现在：其一，对具体状况的描述多，深入分析阐释少。其二，对政策和外部环境关注多，对主体性的关注少。研究者较多关注国家政策、家庭背景以及孩子们就读的学校的基本状况，但是主体的经验，尤其是孩子们"有关世界的理解、解释、思想、情感和行动"（杰华，2006：8），换言之，他们独特的文化形式，多少还是一个未被打开的黑箱。其三，截面性的平面化叙述多，对生命历程探求的少。研究者的关注点多局限于义务教育阶段，但是对于这一阶段之后的情况却语焉不详。农民工子女在结束学校教育之后走向何方？他们的出路较父辈有何不同？学校的经历在多大程度上影响他们的职业选择和生活态度？这些问题或者被有意无意地忽视，或者只是被提及但是未能加以深入探求。

　　在这一背景下，笔者在 2010 年前后，透过参与观察和深度访谈的方式，从生命历程的角度，勾连个体境遇和宏观结构，对流动儿童和留守儿童从义务教育阶段到进入职场的这一段时间进行了考察，以揭示农民工代际社会流动的路径和可能性。如今，农民工代际流动的问题可能已不再像它最初被提出时那样新鲜和充满学术潜力，但是将这一问题完整地呈现，揭示其所产生的深远影响，以及对再生产机制进行深入分析并进而提出可行的解决方案，却仍然是一个摆在我们面前的重要议题。

第四章 流动儿童：劳动力更替的边缘化

　　由于在城市生活与就学的诸多障碍，农民工往往选择将孩子留在乡村，尤其是在夫妻一方外出务工（往往是丈夫外出务工）的情况下，更是如此。但是也有一些孩子随父母流动到城市，他们就是通常所说的流动儿童，现在政策文本和学界多称之为"农民工随迁子女"或"进城务工人员随迁子女"。[①] 如果夫妻双方外出到同一地方打工，而孩子处在学龄前阶段，由于不存在上学的问题，父母倾向于将之带在身边，且年龄越小，随父母到城市的可能性越大（蔡禾、刘林平、万向东等，2009：317）。这些被带出来的孩子很可能就留在流入地上学，待小学毕业之后则又被送回老家。事实上，相当数量的孩子就在父母务工的城市出生。这些孩子自然也就会一直待在父母身边，直到小学毕业或者中学毕业再做出留守或者流动的选择。如果夫妻双方外出打工，而在家乡缺少能够照顾孩子的人，他们就不得不将孩子带在身边。也有一些农民工将孩子带入务工地，是出于情感的需要。少数人则是因为认为城市的教育水平

---

　　① 在后文中，如果引用的政策文本或者文献用"随迁子女"称呼流动儿童，我们
　　　会保留"随迁子女"的说法。

高于农村，或者希望孩子到城市开阔眼界（蔡禾、刘林平、万向东等，2009）。

总之，随着 20 世纪 90 年代中后期农民工数量的激增和农民工夫妻双方外出务工趋势的出现，流动儿童的规模越来越大。然而他们虽然进入城市，却被隔离在正式的制度和城市社会资源之外。正是这种边缘化的制度安排促成了农民工社会经济地位的代际再生产。

一　流动儿童概况：规模与问题

流动儿童最早进入人们的视野源于 1995 年 1 月 21 日《中国教育报》记者李建平的文章《流动的孩子哪上学——流动人口子女教育探讨》。之后，关于流动儿童的人口学特征、生活条件、受教育状况、城市融入等问题不断引发社会的关注。

（一）流动儿童的规模与分布

利用第五次全国人口普查的数据，段成荣推算出截至 2000 年 11 月 1 日，中国 14 周岁以下的流动儿童数量约为 1409 万人；从来源地来看，流动儿童主要集中在：广东（9.18%）、四川（7.18%）、河南（5.68%）、安徽（5.35%）、浙江（4.90%），来自这五个省份的流动儿童占全部流动儿童的 32.29%。跨省流动儿童的来源地分布更为集中，比如，来自四川和安徽的跨省流动儿童占全部跨省流动儿童的比例分别高达 12.0% 和 10.7%；从流向地来看，跨省流动儿童大多由经济发展落后且人口规模庞大的省份流向社会经济发达的省份（北京、上海、江苏、广东为跨省流动儿童的集聚中心）；从居留时间来看，他们多为长期居住，而非短期滞留，有的人甚至就是出生在他们"寄居"的城市而从未到过他们的"家乡"（段成荣、梁宏，2004）。

随着城市化进程的加速，流动儿童数量持续、快速增长。2000~2010年，0~17岁的流动儿童规模从1982万人增加到3581万人，10年间增长率超过80%。农村户籍流动儿童①数量10年间翻了一番，从2000年的1409万人、占流动儿童总数的70.9%增加到2010年的2877万人、占流动儿童总数的80.34%。2010年中国流动儿童的地域分布为：广东省（408万人）、浙江省（280万人）、江苏省（214万人）、山东省（194万人）和四川省（191万人）分列流动儿童总数的前五位，这5个省流动儿童总数达1287万人，占全国流动儿童总数的35.94%（杨东平，2016）。

2015年全国流动儿童规模为3426万人，比2010年减少155万人。② 如果仍按照80%的比例计算，那么2015年农村户籍流动儿童规模为2741万人。

（二）教育与城市融入

从一开始，流动儿童的教育问题一直是社会各界最为关注的问题。段成荣在2004年的文章中指出，流动儿童教育状况不及全国儿童少年的平均水平，失学率较高，达到4.8%；不

---

① 关于"流动儿童"的文献一般并不区分"农村户籍"与"非农村户籍"，基本都指向作为农民工子女的"农村户籍流动儿童"。

② 流动儿童减少的2/3可以由儿童人口规模下降来解释，另外1/3则是由儿童流动参与率的轻微下降所致。参见吕利丹等，《新世纪以来我国儿童人口变动基本事实和发展挑战》，《人口研究》2018年第3期。

能适龄入学的情况尤为突出；部分流动儿童不能及时入学接受教育；较高比例的流动儿童不能完整地接受义务教育，15.4%的 14 岁流动儿童离开了学校；在学流动儿童的"超龄"问题严重，不在学流动儿童的"童工"问题突出（段成荣、梁宏，2004）。

2002 ~ 2003 年，中国儿童中心和国务院妇女儿童工作委员在北京、武汉、成都等 9 个城市进行了调查，发现 7 - 18 岁流动儿童失学率高达 9.3%，15 ~ 18 岁流动儿童的在学率 47.19%，低于全国同龄儿童的在学率（51.7%）（中国儿童中心、国务院妇女儿童工作委员会办公室，2005）。

如果说上述两项研究展现了流动儿童的失学问题，那么另外两项关于打工子弟学校的调查报告，《北京流动儿童义务教育调查》和《城乡差别下的流动儿童教育——关于北京打工子弟学校的调查》则着力揭示了流动儿童所受教育的质量问题。两篇报告均认为，公立学校的不接收导致流动儿童无法在流入地接受体制内的义务教育；打工子弟学校虽然降低了流动儿童的失学率，但是存在基础设施差、教学质量低、商业化运作等问题。这损害了基础教育的义务性、公平性、完整性的原则（韩嘉玲，2001；吕绍青、张守礼，2001）。

流动儿童义务教育阶段之后的走向也逐步受到关注。段成荣在 2009 年的文章中指出，15 ~ 17 周岁的流动儿童占流动儿童总体的 27.59%，约为 699 万人。大龄流动儿童面临的最紧迫的问题是义务教育后的教育问题。根据当前的高考制度，流动儿童必须回到户籍所在地继续高中学习。许多流动儿童从小在流入地的城市长大，他们已经无法适应回到家乡的生活。但如果留在城市，则无法继续升学。一部分流动儿童完成义务教育后便不再继续升学，开始进入社会谋生。如果无法找到正当职业，他们很可能走上歧途。事实上大龄流动儿童已成为犯罪高发人群（段成荣、杨舸，2009）。杨东平通过对北京16所打工子弟学校的学生调查指出，流动儿童义务教育阶段后的教育和就业问题严峻。他们由于没有立足有城市社会的技能，只能游走在城市的边缘，容易酿成社会问题（杨东平、王旗，2009）。

除了教育问题之外，流动儿童的城市融入是另一个引发关注的问题。在流动儿童身上，普遍存在"想要融入"的梦想与遭遇社会排斥之间的冲突（郭良春、姚远、杨变云，2005）。进城的农民工子女"乡土认同"减弱，但是因为城市社会的排斥，他们对城市的认同缺乏，这使得他们逐渐形成一个游离于城乡居民间的"社会独立单元"（史柏年等，2005）。流动儿童在与城市儿童的群际接触中，通过群体差异的比较获得群体弱势地位的认知，而当他们在获得弱势群体身份以后，则通过对弱势身份来源的归因，重新建构（解构或强化）"被歧视"的群体共识（吴莹，2011）。

二 打工子弟学校：发现反学校文化

已有关于流动儿童的研究，很少关注孩子们日常生活的文化维度。虽然从2000年起，打工子弟学校引起学界的关注，学者们开始试图从更为微观的层面对流动儿童进行研究，但是多以问卷调查或者访谈为主，很少进入学校内部进行细密的观察。问卷调查固然有它不可替代的优势，却蕴含着将丰富的、动态的日常生活抽象为静态的数字化叙述的危险，单纯的访谈也是如此。而"民族志的想象力"，如威利斯所言，则有助于

"如实地展现活生生的日常文化"以及更好地"理解和意会社会行动者那不可言说的、身体化的体验和实践"（Willis，2000；吕鹏，2006）。基于上述对研究方法和议题的考虑，从2010年3月初到6月底，我在北京的HX①打工子弟学校进行了为期四个月的田野调查。

之所以选定 HX 学校，是基于以下一些原因：其一，在北京当时的打工子弟学校中，HX 学校属于规模较大、办学时间较长的学校之一。班次结构比较完整，涵盖了从学前班到九年级的各个年级，这有助于对各年龄阶段的学生形成一种全景性的认识，而学校的悠久历史对于了解打工子弟学校的发展历程无疑也是非常适宜的；其二，作为北京市海淀区的重点打工子弟学校，HX 学校是国家权力和政策所及之地，因而有助于看到国家力量在其中的运作；其三，HX 学校的校长愿意接待我这个闯入的研究者，而且我在2008年第一次进入 HX 学校时结识了时任七年级班主任的李老师并一直保持着友好的关系。这些人脉关系自然也是调查顺利开展不可或缺的重要因素。

从2010年3~6月，我在 HX 学校教授初中三个年级的思想品德课程，这一方面是为了赢得校方的支持（学校很缺老师，因此我免费代课让校长很是感激），另一方面则是为了寻找一种合适的身份以便更好地接触和了解研究对象。之所以选择初中三个年级，是因为大多数的打工子弟从初中开始就陆续进入工作场所，因此初中是一个极为关键的转折时期。而之所以选择教授思想品德课，是因为思想品德课属于副课，不用担

---

① 遵循学术伦理要求，本书中出现的人名一律用化名，除了纯公益性质的学校和项目用了真实名称以外，其他机构一律用英文字母指代。

当太大的教学责任，而且每周课数不多，不必在备课和授课上花费过多的时间与精力。此外，思想品德课与生活的相关性比较强，讲这门课有助于我了解学生的生活实况和心理动态。

除了给学生讲课，我也常常坐在教室的最后一排跟他们一起听课。课间、午饭时间以及下午放学以后，我便抓紧机会与学生一对一或小组访谈。我与七年级的学生交往比较密切[①]，与大部分学生进行了非正式的交谈，对其中的 10 个学生则进行了多次且较为深入的个别访谈以及多次高度非正式的小组讨论。对八年级和九年级分别重点访谈了五个学生。在与孩子们交流的过程中，那些善于表达、性格外向、经历较为丰富、想法颇多的学生很自然地成了我关注的中心。但是考虑到代表性的问题，我有意识地将不同类型的学生纳入重点考察对象之列。比如在七年级的 10 个学生中间，有三个女生较为"前卫"、叛逆，父母或离异或彼此不合，而两个男生则相对比较踏实上进，家庭也较为稳定。对于重点考察的对象，我往往会在放学以后或者周末去家里跟他们的父母交流。除此之外，我也和学校的管理层（两位校长、两位主任）、部分老师（初中三个年级的班主任老师、主要任课老师，以及两位小学班主任老师）进行了深入的个别访谈以及多次的小组交谈。作为思想品德课的老师，我也名正言顺地参加了学校每星期一次的教师会议。

此外，我还阅读了七年级和八年级学生的作文。并在学期末，请学生们填写了一份调查问卷。问卷主要涉及学生的家庭

[①] 因为他们更容易接近，加之我与七年级的班主任关系密切。我坚持给七年级上完了一个学期的思想品德课，但是八年级和九年级的课后来被迫中断。

状况、兴趣爱好、职业期望等内容。问卷调查一方面是为了了解学生的总体状况，另一方面则意在用作对访谈资料的补充和旁证。九年级的学生于 2010 年 5 月从 HX 学校毕业，我追踪调查了其中的两个学生工作之后的状况。此外，我还访谈了 HX 学校以前年度毕业的四个学生，他们中间的三位就读于职业学校，另一位则跟父亲一起经营小生意。

（一）应运而生的打工子弟学校：HX

从 20 世纪 90 年代初开始，当农民工的孩子随父母流动到城市时，他们并没有在城市公办学校就学的机会。于是一些私立性质的打工子弟学校应运而生。就北京的情况来看，打工子弟学校最早出现于 1993 年，1998 年之后数量增多，出现了"遍地开花"的局面。除了少数学校之外，大部分打工子弟学校没有获得教育部门核准，它们因此时时处在"关、停、并、转"的政策压力之下，并不得不随着城市的扩建、改造、拆迁而被迫搬迁。尽管如此，打工子弟学校仍然在很长一段时间之内成为流动儿童就学的主要渠道。根据一些学者和机构的调查，到 2000 年底，北京约有 200 所以上的打工子弟学校存在，超过 4 万名的流动儿童在此类学校就读。截至 2004 年，北京共有打工子弟学校 300 多所，主要分布在朝阳区和海淀区。2009 年公布的数据显示，北京市共有获批的打工子弟学校 63 所，未获批的学校 165 所。截至 2014 年，北京仍有 127 所打工子弟学校，在校生人数近 10 万人。截至 2016 年，北京市约有 112 所打工子弟小学，在校学生数逾 6.5 万人；其中近一半是自建无证小学，随时可能在未来几年内面临拆除或停办（赵晗、魏佳羽，2017）。

HX 学校位于京城北五环外西三旗附近的 DS 乡 XY 村[①]，创办于 1999 年，近三年学生人数保持在 1500 人左右，教师约 60 人[②]，在北京的打工子弟学校中堪称历史悠久、规模较大的学校。2008 年曾一度遭到拆迁的危机，但是校方通过各种努力将其化解。因此从创办到如今校舍一直未曾变动，这在打工子弟学校中实属罕见。在 2010 年上半年我调研的期间，HX 学校从学前班到小学六年级共 28 个班；七年级有两个班，分别有学生 34 人和 36 人；八年级一个班，学生有 50 多人；九年级学生只有 15 人。

和许多打工子弟学校一样，HX 学校在某种意义上类似一个"家族企业"。老板是 40 多岁的谢校长。校内有一个小卖部，校长的姨表兄弟夫妇二人负责运营，食堂则由校长的姑表兄弟在经管。管理财务的主任也是校长的亲戚。管理层除了谢校长以外，还有常务郑校长，负责教学的王主任以及负责安全和日常事务的汪主任，但是他们与谢校长没有亲戚关系。

谢校长是河北人，高中毕业以后在村里的一所学校里当代课老师。后来跟着从部队转业的父母来到北京，并在这里与其丈夫相识。她的丈夫是广东人，当时在北京做售卖地板砖的生意。HX 学校所在之地就是他们昔日的库房。按照谢校长的说法，那时候看到周边很多孩子没地方上学，产生了怜悯之心，所以自己办起了学校。谈到 HX 学校的历史，谢校长掩饰不住心里的骄傲和自豪。

---

① 虽然 XY 村名义上还是被称为"村"，但是北京快速的城市化进程已经使之不再是一般意义上的"村"了。这里虽然在五环之外，但是城市化水平比较高。
② 打工子弟学校的老师和学生人数很难统计确切的数字，因为流动性很强。

刚开始的时候，老师都是我带出来的学生。那真是尽职尽责，任劳任怨。没老师上课就去顶着，没有报酬。给学生批改作业没有一个地方判错。有时候给差生补课补到夜里一两点，我都看不下去了，催他们回去休息。学生的成绩特棒，小学毕业回老家考初中，好多都考的是当地的重点中学。海淀区统考，HX 的学生把公立学校的落下好大一截子，HX 的牌子就是这么创出来的。要不教委为啥这么承认咱们？刚开始十几个人，很快就几百人，到 2001年就 1000 多人了。（X 校长，20100421 访谈）①

虽然 HX 学校曾经拥有这段辉煌的历史，然而到了我进行田野调查的时候，它却逐渐显出凋敝的迹象：学生不时转入周围其他打工子弟学校，而且考试成绩大幅下滑；老师们比起专心于教学，更是忙于寻找自己的出路；校长初办学校时的怜悯之情逐渐被对盈利的追求所替代。

（二）发现反学校文化

在媒体报道、文学作品乃至学术研究中，流动儿童经常被刻画为这样一种形象：热爱读书、勤奋上进，一心希望通过获取知识来改变自己的命运（黄传会，2006；吕绍青、张守礼，2001）。在 2001 年的一篇文章中，吕绍青和张守礼通过学生的作文了解了流动儿童的内心状态。他们认为这些孩子有很强的

---

① 在本书中，比较正式的访谈资料采用"时间（年、月、日）＋访谈"的形式予以编号，如"20100421 访谈"，表示访谈时间为 2010 年 4 月 21 日。此外，由于很多语言信息是透过参与观察以及非正式的谈话所获得，这类信息在引用时直接以发生的时间标出，而不加"访谈"二字。如"X 校长，20100421"。

被歧视感和漂泊感，他们体贴父母的劳苦，珍惜来之不易的读书的机会，"人生观中有极强的个人奋斗的色彩"（吕绍青、张守礼，2001）。又有论者指出，尽管在当代中国城市社会中，青年亚文化越来越凸显其反抗性，抗拒"传统教育的刚性，刻板的程序，追求身体和感官意义上的愉悦"（阎光才，2008），但是这种反抗性并不存在于那些处于边缘地位的社会底层人群身上，对于"中国农民以及大量流动到城市中的务工人员而言，传统所赋予他们对教育的理解仍旧是通过教育改变身份和地位"（阎光才，2008）。

然而，HX学校的流动儿童却展现出另一幅完全不同的景象。这里的孩子绝大部分并不关心读书，他们并不孜孜以求学业的进步。相反，他们拒绝学校所传递和教导的知识，专以上网、看小说、嬉笑打闹为乐。这与威利斯在其经典名著《学做工》中所描述的"小子"们的"反学校文化"着实有诸多的相似之处。

1977年，保罗·威利斯写成了《学做工》（书名全称为《学做工——工人阶级的孩子如何得到工人阶级的工作》）一书。通过对英国一个工业城镇中12个工人阶级家庭出身的"小子"从毕业前两年的学校经历到进入工厂之后最初几月工作状况的研究，威利斯提出了"反学校文化"的概念，并且揭示了"小子"的抵制行为与阶级再生产之间的悖论。

这些"小子"反抗学校和老师的权威，瞧不起规规矩矩唯命是从的"小耳朵"。[①] 他们认为老师并不比自己高明多少，

---

① 小耳朵（"ear"oles）是"小子们"对那些顺从学校的价值和规范的学生的称呼。耳朵是人身体中最为消极的器官之一，它们只是对其他器官的表达加以简单的反应。"小子们"以此来表示这些学生只是机械地接受，而没有内在生命的活力，好像他们只是听，而不去做（Willis，1977：14）。

而那些整天坐在教室里勤奋学习的"小耳朵"则失去了自主性和许多乐趣，尤其失去了对性的体验和经历。他们自认比"小耳朵"更懂得生活，更为贴近成人的世界。他们也通过服装、香烟和酒精这些符号来表达对学校权威和价值的反抗：留长发，穿工鞋，穿奇装异服，以表达与学校统一和单调的服饰的区别。抽烟喝酒作为成人的价值和行为，被学校严厉禁止，但"小子们"故意为之，将之视为反抗学校的勇敢表现。他们操纵学校这一正式的系统，将它的要求降到最低的程度——无视学校的规范，保持与学校的时刻表不同的节奏：旷课，上课睡觉，随意走动，在走廊闲逛以寻求刺激等等。他们不仅以幽默戏弄学校的权威，而且以粗俗的言语彼此嘲弄和玩笑，破坏公物，藐视法律，偷窃、打架，从中获取刺激和兴奋感（Willis，1977：27，41～42）。

在威利斯看来，"小子们"上述种种怪异的表现，实际上是他们在工人阶级的工厂文化的基础上，在洞察了自身生存条件与社会地位以及资本主义之阶级本质的事实之后，对于文化霸权和支配性统治秩序的一种抵制。然而，出人意料的是，"反学校文化"虽然洞察和批判了占据主导地位的个人主义意识形态以及固化的阶级不平等的现实，却强化了脑力劳动和体力劳动的分化。以体力劳动自居的"小子"排斥脑力劳动，但也正是因此促成了其作为工人阶级的再生产；反学校文化虽然使他们看穿了现实的真相，但同时也构成了对他们自身的反叛，使他们最终成为不平等的经济结构所需要的工人（Michael W. Apple，1995：94）。

威利斯把文化作为一个相对自主的层次加以研究的方法为流动儿童的研究提供了新的视角。实际上，国内学界已经有论者对流动儿童的文化研究做出了尝试，而且形成了一个极具威利斯式的结论。《开放时代》2010 年第 1 期刊载了《学校、阶级与再生产》一文。作者通过对上海农民工子女就读的公立学校和打工子弟学校的分别考察，指出公立学校的农民工子女认同主流的价值观，渴望向上流动，但是另一方面则不得不自我放弃。而农民工子弟学校的学生则盛行威利斯笔下的反学校文化，通过否定学校的价值系统，蔑视校方和老师的权威而获得独立和自尊，同时心甘情愿地提前进入次级劳动力市场。两类机制殊途同归，都导致甚至加速了阶层再生产的进程（熊易寒，2010）。

这一研究让人耳目一新，但是也有许多问题值得商榷。根据田野调查经验，笔者认为打工子弟学校确实存在着"小子"的反学校文化的诸多特征，但是两者存在着实质性的区别。第一，虽然农民工子弟学校的学生表面看来反抗学校的权威，反抗知识和文凭的价值，然而在他们心灵深处仍旧认定主流价值观，认同知识和脑力劳动的价值，因此他们并未在反抗中获得独立和自尊，反而加剧了他们本来就已经存在的自我否定的心态。《学校、阶级与再生产》一文的结论，大概是因为没有深入发掘主体内心的状态而只是关注了表象，而且将小部分学生的特征扩大和强化为整个群体的特征，从而在一定程度上遮盖了事实的真相。第二，"小子"与"子弟"的反学校文化拥有完全不同的形成机制和生产逻辑。如果说前者多少是因为对脑力劳动的蔑视而来的主动的选择，那么后者则主要是在一系列的制度安排和社会情境之下产生的被迫放弃。《学校、阶级与再生产》一文认为子弟们"心甘情愿地提前进入次级劳动力市场"值得质疑。事实上，他们"心甘情愿"的背后是一种迫不得已的无奈。第三，虽然同样导致了阶层再生产的后果，但是与"小子"不同，"子弟"们因为公民权的缺失以及在价值认同和现实选择之间的矛盾使他们的处境更显不利，而且他们的"反学校文化"作为一种自我放弃的表达方式，并不必然滋生抵制资本要求的工厂文化，从而带来社会变迁的可能①。

有鉴于此，笔者试图对"小子"与"子弟"的反学校文化的实质加以比较，并且试图探求"子弟"们这种文化形式的生成机制和生产逻辑。笔者的主要目的并非刻意对二者进行细致的甄别，而在于以"小子"为参照，透过"小子"的文化形式来反观"子弟"的独特生存境遇，从而深化对"子弟"的理解和认识。

1. 拒绝知识

在《学做工》中，威利斯特别提到了"小子"对时间的态度。与"小耳朵"不同，对"小子"来说，时间并不是用来仔细地计划和使用以便在未来获取成就的东西，他们的时间是一种与制度化的时间相脱离的状态，他们不会去计划时间，不会去计算时间，也不期待用时间去交换什么将来的成就（Willis，1977：29）。

---

① 《阶级、学校与再生产》一文对于公立学校和打工子弟学校的学生在价值观和行为模式上的区分也需要更为具体的探讨。制度上的差异确实会对学校的实际运作以及学生的行为方式产生重要的影响，但是公立学校不能一概而论，实际上某些公立学校管理混乱，教学质量低下，与大部分的打工子弟学校颇为相似。另外，"子弟"们在公立学校就学的时间对于他们的价值观和行为方式的影响也非常关键。一个八年级或九年级才进入公立学校的"子弟"可能依然带着很强的过去的惯性生活而不是形成一种新的认同或理想。因此，"反学校文化"虽然在打工子弟学校最为明显，但是也可能同样存在于某些公立学校的"子弟"身上。

对"子弟们"而言，情况也是如此。对于 HX 学校九年级的学生来说，上课和下课的时间并没有区别。他们全然不理会站在讲台上的老师，径自抽烟，打牌，看小说。无论何时走进教室，总有七八个男生一边抽烟，一边拿扑克牌赌钱。不参与玩牌的两个男生或者在手机上玩游戏、看小说，或者趴在座位上无所事事。五个女生有时围在牌桌周围观战，有时看小说，总之没有一个人听老师讲课。

八年级和七年级的情况比较相近，由于班主任的严格控制，学生还不敢公然在教室抽烟和赌博。相形之下，八年级更为吵闹，因为人数更多，学生的胆子也更大。除了班主任的课堂比较有秩序，其余的课堂乱的像一锅粥。孩子们的眼睛里少有渴求知识的眼神，能较为专注地听完一节课的人寥寥无几。多数人都在"闹腾"，你打我一下，我踢你一脚，说说笑笑，随便窜座位。时不时有人向老师申请去厕所或者去小卖部买东西，其实这不过都是逃避课堂的借口。就算在那些难得安静的时候，也不会有几个人听讲，或睡觉，或看小说，或玩手机，或窃窃私语，或在座位上发呆。传纸条是课堂上常见的"小动作"，一些纸条是比较正规的"情书"，多数不过是调侃、笑骂、表达情谊、询问信息或者口舌之争。

这种状况让我深感意外。我以为主要原因在于老师的讲解不够有趣和生动。然而我这个自恃讲课有趣的老师，也并没有改变骚乱的课堂，没能吸引多少学生的注意力。两个星期之后，由于无力维持课堂的纪律，我不得不把八年级和九年级的课程退掉。其实七年级的课堂也好不到哪里去。幸亏两位班主任每次坐堂帮助维护秩序，我才得以上完了一个学期的课程。

就这样，课堂受到学生的全面抵制。而课外的时间，除了必须完成的作业，学生们自然是不会花费在学习上的。九年级的学生几乎完全抛弃了学业，七年级和八年级除了语文、数学、英语这三门主课的作业基本能够完成之外，其他课程的作业很多学生往往不予理睬。超过90%的学生的作业都是"抄"完的。他们一点也不愿在课程上开动脑筋，草草写完就算了事；有时候几个人的作文竟然一字不差。考试的时候他们自有应对的招数：或者交头接耳，或者在课桌下面翻书，多数都是拿着别人的卷子抄。

孩子们对学习的漠不关心乃至厌弃使我感到费解。但是他们对此不以为然。在他们看来，这没什么可大惊小怪的，就是"不想学"，"对学习不感兴趣"，"学不学无所谓"。老师们面对这种情况无可奈何。七年级二班的班主任孟老师告诉我，"我经常刺激他们，（如果不好好学习的话），你爸是收破烂的，你将来也是收破烂的，你爸是卖菜的，你将来也卖菜。他们不听"（M老师，20100609）。七年级一班的班主任李老师在每周一次的班会课上都会讲许多关于学习的道理，比如"现在是智者的时代，用脑袋的时代，要用知识武装自己"（L老师，20100611），"好好学习，别成天瞎混，知识多了走到哪里都受尊重"（L老师，20100604），但是学生们并没有听进去，依旧我行我素。劝诫无用，老师们只能施行"高压"策略：在课堂上严加管制，高声呵斥捣乱的学生，甚至"出手"相向。但尽管如此，极少有老师能够营造一个井然有序的课堂，而要使学生的心思确实集中在学习上就更难了。

2. 找乐子

为了应对沉闷的课堂和规范化的学校生活，孩子们开发了一系列的"找乐子"（having a laff)① 技术。课堂上，他们时不时和老师调侃，引得全班哄堂大笑。"子弟们"很会察言观色，他们知道哪些老师容易"逗"，比如教七年级语文的孟老师，虽然常常表现得很"凶"，但实际上颇有些慈母心肠，所以学生们喜欢跟她周旋。每当她板起面孔训斥学生的时候，学生就会"爆"出一些无厘头的话语，惹得她忍俊不禁，课堂压抑的氛围以及师生之间的张力由此得以化解。面对那些一本正经不苟言笑的老师，孩子们虽然有所收敛，但也会不时地寻找机会插科打诨。显然，学生们很喜欢课堂上这些玩笑的时刻，每每这时，气氛就变得活跃起来，甚至睡觉的人也会打起精神。

　　语文课上，因为学生们闹腾的厉害，孟老师忙着维护纪律。"这节课本来就不是语文课，为什么我要给你们上呢？"一个名叫小阳的男生接过话来："因为你先爱了我们！"学生们都大笑。孟说"那你们咋不爱我呢？"小阳："我们爱你！"大家又笑。小阳紧接着说："老师让我出去买支笔吧。"孟："不行，原来你是为了买笔才爱我啊！"又是哄堂大笑。……孟："你们学不学跟我没关系！"小阳："是，老师只管挣钱！""挣钱？你给我多少钱啊？"小阳："我没给，学校给钱。"孟："老师付出的可比挣得多多少倍呢！"另一个男生接话道："对，一比一百！"孟

---

① 威利斯认为，找乐子（having a laff）是"小子"们的一种特定的文化技术，在其反学校文化中具有举足轻重的地位。找乐子的能力是能否被判定为"小子"的关键因素，它通常被用来化解无聊和惧怕以及战胜难题（Willis, 1977：29)。

哭笑不得……孟费尽力气地训完学生之后，说："说你们
好，你们哪儿好啊？"学生在下面乱嚷："哪儿都好！"孟
又好气又好笑，"就嘴巴好！"……（过了一会儿），孟
说："这节课到底怎么了？也不读，也不写，想干什么？"
一个女生接话说："吃饱了，撑得！"全班大笑。（田野笔
记，20100325）

这种玩笑屡见不鲜，在老师维护纪律、训斥学生之时尤为
常见。面对孩子们的嬉皮笑脸，老师们往往被弄得哭笑不得。
孩子们由此达到了他们的目的：化解了课堂的沉闷和无聊，同
时也打消了老师的怒气。与老师之间的玩笑为孩子们赢得了一
时的快活，而且保护他们免受老师更多的责罚。有时候如果被
老师提问但是不知道答案，一些学生也会说出一些荒诞不经的
话来加以应付，从而消除了本有的尴尬和窘迫。这些自然也使
得所有的学生都乐在其中。

除了在课堂上"恶搞"，孩子们之间尤以互开玩笑、互起
绰号为乐。他们喜欢拿一些攻击性甚至侮辱性的言辞来开别人
的玩笑，当达到贬低别人、"占人便宜"的目的时，他们便极
为开心。比如嘲笑某个经常帮忙做家务的男生是"家庭妇男"，
说某女生是"美女，美国的妓女"；一个学生说他的理想是开
个网吧，让另一个学生当服务员；甲说乙的理想是当职业乞
丐；丙说自己想当歌星，马上就有人说"哥伦比亚的大猩猩"。
恋爱是一个敏感的话题，也是孩子们互开玩笑的话柄。他们常
常乱点鸳鸯谱，尤其喜欢把比较帅的男生和相貌较差的女生放
在一起说事，因为这让他们感觉非常滑稽可笑。时不时有学生
非常神秘地向班主任告状说某某喜欢某某，谁跟谁"搞对象"。

告密者并不是要让被告者受罚（因为恋爱在很大程度上仍旧是一种禁忌），而是为了取乐。

绰号展现了孩子们的想象力，但是这些绰号也多少有些恶搞、嘲弄乃至侮辱性的成分。比如把一个脸面没有弧度的男生叫"火车头"，把一个长得很瘦下巴尖尖的女生叫猴子，把另一个长得不大好看的女孩叫丑娘。一些女孩对那几个最"捣"的男生以"五毒"相称。有人被称为"蜈蚣"，因为"他的脖子一节一节的"；有人被叫作"蟾蜍"，因为他很胖，块头大；一个个头小的男生被称为蝎子，诸如此类，不一而足。

最大的乐趣或许在于上网玩游戏。上网对这些孩子来说是一个非常普遍的现象。一些学生自己家里就可以上网，没有电脑或者未装网线的学生通常去网吧。因为未满十六周岁，按照法律规定他们是不能进网吧的，但是现实中有令无守。为了赚钱，网吧对学生上网实际上半推半就。有的网吧在顾客进入时会查证件，但多是走走形式，学生应付起来也很容易：借别人的身份证登记或者用别人的身份证办理一张网卡，不仅可以打折还免得每次拿证登记。在 HX 学校周边有好几个网吧，午饭时间就有学生溜出学校去网吧玩一会儿，而放学以后先去网吧玩上几个小时再回家更是很多学生惯常所为。如果家里可以上网，自然更方便，尤其是不用从零花钱里省钱付网费，但是那些"网瘾"很大的孩子还是更倾向于去网吧，因为可以避开父母的唠叨，况且某些游戏必须要合伙玩才会有趣。在学校的课堂内外，游戏是学生之间，尤其是男生之间经常谈论的话题。

比起上网玩游戏，女生对小说更感兴趣。从七年级到九年级，女孩们看的小说基本属于同一类型：校园爱情故事。这些书的封面上都是日本漫画式的人物。内容多是描述高中生或大学生之间的爱情生活。某些主要角色很有个性，但是往往言语粗劣，行为放荡不羁。也有一些女孩喜欢魔幻故事，其中关于爱情的情节自然也是必不可少的。鬼故事在七年级的女孩中间颇受欢迎，但是八年级和九年级的女孩不大热衷。一些男生也对小说感兴趣，他们多数都在手机上阅读。在 HX 学校的男生中间，最流行的一本小说名叫《坏蛋是怎样炼成的》，讲述的是一个中学生成长为一个黑社会老大的历程。我 2008 年初到 HX 学校时，就注意到男生中间很流行这本书，两年过去，发现仍有很多男生对此情有独钟。有的学生说一看这本书就"热血沸腾"。

3. 快乐背后的隐忧

这些孩子看起来活泼而快乐。这一点让很多到 HX 学校支教的人感叹并且深感欣慰。儿童救助会曾经组织了一所国际学校的学生到 HX 学校和孩子们交流和游戏。看到 HX 学校的孩子们快活的样子，在救助会做义工的一位美国朋友感慨万分，"they look so happy! this is the most important!"（他们看起来真快乐！这是最重要的！）

然而经过几个月的观察以及与孩子们的深入交流，我发现在他们"快乐"面孔的背后却隐含着许多矛盾和张力。小学的孩子确实天真烂漫，无忧无虑，生活的压力离他们还很远。初中的学生虽然欢笑嬉闹，却更多地感到没意思、虚无、迷茫和失望。年级越高，这种感受越是强烈。八年级的小梦，装扮很是时尚，每次看到她都是一副嘻嘻哈哈的样子。但是她说：

（生活）没意思，老没劲了。……活着浪费空气，死了浪费土地，半死不活浪费人民币。（WDM，20100611 访谈）

这显然是调侃的说法，但确实也代表了她内心深处的无奈。九年级的小峰不无戏谑地对我说：

> 我小时候学习还行，那时候还想考清华复旦什么的，现在，呵，想怎么活着就行了。（ZHF，20100421访谈）

小梦和小峰的说法听起来比较极端，但是其中却透露出HX学校初中阶段的学生普遍的心境：无聊、失望、烦闷、没有盼头。对于学校、对于家庭、对于自己的学业和将来，他们有一种莫名的烦恼和焦虑。

课程的内容"没有什么魅力"，不能激起他们的兴趣。更关键的是他们学不懂。学不懂就更不想学，不想学自然也就更不懂，如此恶性循环导致他们对学习越来越失去兴趣。

与父母的关系也让很多孩子感到难过和郁闷。在七年级一班的作文《我的爸爸妈妈》中，孩子们都说很爱爸爸妈妈，也知道父母很善良，很爱自己，但是也谈到因为与父母交流的时间少、因为父母脾气不好，或者过多的管束而产生的隔阂。孩子们感到父母不大尊重自己，说话很过分，"总是说不准干这，不准干那"，"成天就是（这样的话）：作业写完了没有就看电视！"他们认为父母太"封建古板"，不能接受他们的服装和发型，而且对某些事情，比如谈恋爱，过分敏感。他们期待父母像朋友一样和自己谈心，一些孩子说很羡慕外国的家庭，父母跟孩子做朋友，不是吆来喝去的。

虽然大多数的孩子家庭保持着形式上的完整，但是也有不少人遭遇了父母婚姻的破裂。在七年级一班，有三个女孩父母离异或者正处在婚姻崩溃的边缘。这些家庭不完整的孩子显得更反叛，更张扬个性。表面看来，她们活泼开朗，然而内心的孤独感却很强烈。一位支教老师曾让学生按照固定模式做了一首诗，并且编成了一本小册子。小盈在诗中这样写道：

> 我是孤独又勇猛的母老虎……我愿在成长的过程中快快乐乐的/我是一个孤独而寂寞的人/我假设我是一个孤儿，没有任何的亲人/我感到心里有一种说不出来的伤感/……我是一个勇猛而又脆弱的人。

小盈是一个漂亮聪明但是因为过度张扬和叛逆而让老师十分头疼的东北女孩，她五岁时父母离婚并且现在都已再婚。

最让孩子们苦恼的是将来的出路。极少数的"小耳朵"因为混乱的课堂秩序而苦恼，他们清楚地看到，在这样的环境中要实现出人头地、荣宗耀祖的梦想何等艰难。大多数的学生一边享受着为所欲为的自由和快乐，另一方面却感到空虚和失落，让他们尤其烦闷的是看不到将来的盼望。每当谈及将来的方向，孩子们普遍表现得非常彷徨和迷茫。我曾经让七年级的孩子以"我的理想"为题目写一篇小文，在思想品德课的期末考试中，再次让他们谈论这个问题。尽管写在纸上的"理想"显得高尚而又清晰，很多人说想考大学，想当科学家、老板或医生，但是当我私下里跟他们交谈的时候，绝大多数的学生却说不知道将来要干什么，"一片茫然"。八年级和九年级的学生对于将来更感迷茫，很多人甚至回避谈这一类的问题，因为他们更加靠近生活的实际，也更清楚地看到现实距离自己的期待何其遥远。

如此看来，表面的嬉笑打闹在一定程度上不过是对心中幽暗的逃避。看小说、上网、戏弄老师不过是在无聊中间寻找意义，制造一些乐趣。随着年龄的增长，他们越发感到人生的重担和将来的无望，因而越是通过种种形式去逃离这种心理的重荷。因此如果说"小子"们通过抽烟、喝酒、打架、找乐子等形式来反抗学校的权威，并且从中找到优越感，那么"子弟"们那些挑战规范的行为在一定程度上则是制造意义以便化解生活的无聊、矛盾和失望的手段。他们并非有意对抗学校的制度和规范，而是要对付自己心中的茫然、矛盾、憧憬和由此产生的张力。

三　形似质异：两种反学校文化的比较

上述在 HX 学校的发现实际上普遍存在于当前打工子弟学校的学生中间。笔者曾经短期走访过北京市的另外两所打工子弟学校，其中的情形与 HX 学校颇为相似。HX 学校的老师（他们时不时在各个打工子弟学校之间流动）则告诉我，打工子弟学校的学生普遍"厌学，只知道吃喝玩乐"。《阶级、学校与再生产》一文对上海打工子弟学校学生的描述也表明，反学校文化——如前所述，这与威利斯所论述的有根本上的不同——并非一时一地的特殊现象，而是比较普遍地存在于打工子弟学校的学生之中。

由于进入公立学校的难度较大，笔者未能深入公立学校对在其中就读的"子弟"进行考察。一般说来，公立学校在硬件设施、教学水平、师资力量、稳定性等诸多方面都要明显好于打工子弟学校。一些研究表明，在公立学校上学的流动儿童纪律性比在打工子弟学校的学生要好，学习的氛围也更浓（王毅杰、高燕，2010：139～141）。但是在初中阶段，能进入公立中学的流动儿童的比例不高，而要进入各方面条件都比较好的学校则更是难上加难，他们往往只能在那些教学质量比较差、师资力量也比较弱的学校就读。笔者曾对几个在北京的公立中学就读的打工子弟（均为笔者的亲戚）进行了访谈。这是一所专门接收打工子弟的公办中学。他们都说学校这几年"很乱"，学生"心思一点也不放在学习上，成天看小说、上网，上课特别闹。"因此笔者认为，HX学校"子弟"的反学校文化形式可能也广泛存在于公立学校的农民工子女身上（尤其是初中阶段），尽管由于学校制度的差异，表现会有所不同。

表面看来，农民工"子弟"的反学校文化确实与英国工人阶级家庭"小子"的反学校文化有诸多相似之处，但是两者有着实质性的差异。

1. 对待知识和文凭的不同态度：抗拒与认同

"小子们"嘲弄"小耳朵"、蔑视学校权威，挑战正式的制度和规范，根本原因之一在于他们对知识和文凭价值的否定以及对脑力劳动的蔑视。根据占统治地位的意识形态，因为脑力劳动较体力劳动需要付出更大的努力，所以脑力劳动者较之体力劳动者更显优越，理应得到更高的回报（Willis，1977：147）。但是英国的工人阶级颠倒了脑力劳动和体力劳动的位置，在他们看来，体力劳动彰显了男性气质，脑力劳动则具有女性化的特征，因而体力劳动较脑力劳动更具有社会优越性。这种对男子汉气质的推崇和追求是"小子"反学校文化的一个核心精神。

如果说"小子"是把自身置于学校教育和文凭的反面，那么"子弟"虽然在形式上对抗学校制度和知识的传递体系：他们旷课，藐视课堂，无视学校规章制度，但实际上他们并非真正反抗知识和文凭的价值。HX 学校大多数学生都认为知识是有用的，可以换来将来的好工作，可以让人生活得更好。即使那些看起来对学习极为不屑一顾的学生，在他们内心深处，知识仍然是个"好东西"，"多学肯定有好处"。老师们不断地强调知识的重要性，虽然这并没有激起孩子们奋发学习的动力，但是却在他们的意识中塑造了对于知识的肯定态度。父辈们普遍拥有一种对知识的景仰态度，这对孩子们也有着潜移默化的影响。每当我跟学生的父母交流的时候，他们总是表现出对"有文化的人"的仰慕。一位父亲如此说道：

> 有文化的人肯定不一样，就是做生意，他要有文化，都要做得好些。也有人不识几个字，但是把事情干大了，但这样的人还是少。（WM，20100605 访谈）

"子弟"们对知识的价值深信不疑。但是对于考大学以及大学文凭，不同的人却有不同的看法。一些孩子从心底里羡慕和佩服大学生，尤其是名牌大学的学生。他们认为考上大学很"光荣""有前途""挣钱多""不会被人瞧不起""工作更好找"，但是另一些孩子则表示出无所谓，甚至轻微的不屑和鄙夷的态度。他们认为"考上考不上都一样""能考就考，不考也没什么"。他们的言语似乎表明，他们看透了当今大学生的就业困境，深知大学并不一定有彻底改变其命运的强大效力。然而这种满不在乎的心态却并不意味着他们对大学和文凭之价值的否定。虽然不上大学也依然可能赚大钱，但是他们都深信还是有学历的人赚钱更轻松、更容易，而且最关键的是，大学绝对意味着一种"荣耀"。在对家长的访谈中，一位父亲谈到儿子历经艰难终于考上一所很不知名的大学的故事。他说儿子毕业后工作很不稳定，工资也低，尽管如此，他还是因为儿子是大学生这一事实而满心欢喜和自豪。这种大学情结、高学历情结普遍地存在于农民工及其子女的身上。因此一些学生对大学的淡漠和不屑在一定意义上可能恰恰是因为看到自己与大学无缘而产生的一种心理调适与自我解嘲。在问卷中，我询问孩子们怎么看考大学这回事，多数人的回答是"没想""不清楚""不知道""不重要"，或者干脆答"考不上""不可能考上"。这些回答展现了一种矛盾而复杂的心态：大学是重要的、有价值的，但是却跟我没有关系，因为我不可能考上。

正是因为这种对知识、对文凭的认同和肯定，使得"子弟"们并不是有意地对抗学校的规范和老师的权威。"小子"从骨子里轻视老师，认为他们没什么了不起，而"子弟"对老师则表现出一定程度的尊重，尤其七年级的学生，对老师的权威多少有些承认和顺服。虽然他们在课堂上经常和老师戏谑调侃、不守纪律，但实际上他们非常希望老师严格地管制。当问到喜欢什么样的老师时，多数学生的意见一致："管得严，但是又和蔼可亲有幽默感的。"学生们普遍认为校长一心想赚钱，"不论什么样的学生都收"，也不会开除那些"坏学生"，致使学校纪律混乱。他们对此颇为不满。这并不仅仅是那些踏实学习的学生的看法，许多看起来非常淘气叛逆的学生都如此主张。由此可见，他们并不是对抗学校的管理，反而为它管理不严而心生怨气。"小子"以抽烟、喝酒、打架为男子汉气质的表现，他们公然在学校进行，甚至以被发现为荣，"子弟"却不然。有这些嗜好的只是一部分学生，而且他们虽然如此行为，却并不以此自居，因此多是在校外或者校内的隐蔽处进行。

他们不像那些"小子"，蔑视脑力劳动并以体力劳动所体现出来的男性气质自居。他们都不喜欢干体力活，而想"坐办公室"，想干"不累人，又能拿钱"的工作。谈到将来想做的工作，孩子们的回答多集中在：当一名科学家，考大学，当老板，当歌星，当医生，开服装设计公司，等等。没有一个人想当工人①，父辈们从事的那些在他们看来又脏又累又不体面的体力活，诸如"扫大街"、收废品、卖菜等则是所有学生竭力躲避的工作类型。

2. 不同的心灵状态：优越感与自我否定

"小子"们表现出很强的优越感。这种优越感的建立和强化依赖于三个参照群体："小耳朵"、女性和少数族群。② 虽然威利斯并未提及，但实际上"小子"的优越感是建立在一系列的文化和制度基础之上的。首先，从经济条件上来看，在威利斯写作《学做工》的时期，英国正好赶上资本主义黄金发展阶段的尾巴，因此当时的工人阶级有充分的就业机会和相对稳定的工作。其次，虽然属于被支配群体，但是英国的工人阶级拥有公民权，他们和其他阶层的公民一样，享有平等的民事权、

---

① 在北京，农民工多集中在建筑业和服务业，在工厂做工的比例很小。根据郭宇宽等 2009 年对北京打工子弟的抽样调查（这是一个计划在 5 年间完成的跟踪调查。研究者在北京和上海两地各选取 10 所打工子弟学校共 1000 名年龄在 10 岁左右的学童，进行跟踪研究。此处引用的是该课题组 2009 年的调查数据，此时被调查者均处在小学四年级），父亲从事"个体零售及手工业的"占 34.67%；父亲为建筑工人的比例占 23.25%；父亲为工厂工人的比例仅 1.6%。因此，北京的农民工子女对工厂的工作可能比较陌生。

② 他们认为自己比"小耳朵"有更多生活的体验和乐趣；作为男性气质的代表，自然比那些软弱无力的女性更为优越，因而在两性关系中处于支配地位；他们瞧不起作为移民的少数族群，通过攻击和羞辱这类人来加强自身的优越感。

政治权和社会权，包括占有财产的权利，参与履行政治权力的权利，以及作为"一个文明人，按照社会中通行的标准而生活的权利"等（沈原，2007：284）。最后，"小子"优越感的背后还有一个强大的文化动力，即英国工人阶级深厚而悠久的文化传统。作为"生而自由的英国人"的强烈自豪感，几百年来有组织的抗争的传统，以及共享的社区、统一的工厂组织等等，这些无一不在"小子"心中建构出一种对工人阶级文化的认同感。这也正是"小子"反主流、反权威的文化和价值基础之所在。

如果说父辈在"小子"眼中是英雄，是真正的男人，是他们效法的榜样，那么在"子弟们"看来，父辈们所展示的是一种混乱的生活经历，他们又脏又累又苦的工作，漂泊、居无定所、毫无任何保障的生活形态彰显了一种无能与失败。这些都构成了"子弟"不同于"小子"的前文化形态。他们不是要追随父辈的职业、价值观和生活方式，而是要极尽所能地加以逃离。

因此，与"小子"不同，"子弟"没有对自身的优越感，相反，在他们内心深处往往存在着很深的自卑和自我否定。"小子"确实是因为优越感而反抗，并且在反抗中进一步强化了优越感，"子弟"却并不如此。虽然他们表面嬉笑怒骂，其实心里常有自卑、孤独、迷茫乃至绝望。虽然他们好像对知识、对老师和学校不屑一顾，并且在对抗的过程中享受胜利的喜悦，却并不因此而肯定自身的价值，反而因这种拒绝和抵制而进一步自我否定。

3. 阶层再生产：相似却又相异的结局

不同内涵的反学校文化，却导致了相似的结局：社会阶层的再生产。"小子"虽然洞察了资本主义条件下底层透过教育向上流动的虚妄，然而他们的反抗却没有带来更大的政治可能，反而使得他们多少是甘心乐意地加入工人阶级的劳动大军，从而维系了既定的社会结构和社会关系。"子弟"的反抗也导致了同样的结果。

然而不同的是，威利斯笔下的"小子"全部找到了工作而且在体力劳动中寻找到了意义[1]，"子弟"却表现出更多的茫然和不确定。很多人离开学校之后较长时间内都处在闲荡的状态。在他们抗拒制度化知识的同时，他们自然也就被排斥在所渴望的"轻松的""坐办公室的"的工作之外，而那些下苦力的工作他们又看不上。一些学生七年级之后即辍学，他们或者无所事事，四处闲荡；或者上网玩游戏，待在家里看电视；或者进入劳动力市场从事着不稳定的低工资的工作。七年级的两个男生离开学校后去一家饺子店打工，工资一个月 1000 元。八年级也辍学了好几个。九年级的十五个学生在 5 月毕业考试之后各奔东西。一个女孩在饭店当服务员，几个人在家待业，另有几个人在职业技术学校学习美容美发或汽车修理，不过据说在职业技术学校每天都在"混日子"。

家境好一些的孩子可能子承父业，但是也要视父辈从事的

---

[1] 在 2004 年由 Nadine Dolby、Greg Dimitriadis 和威利斯共同编辑的《新时代的学做工》一书中，一些学者指出时代和社会条件的变化为《学做工》所带来的挑战。在威利斯写作《学做工》的时期，英国正处在黄金发展时期的尾端，因此"小子们"找工作并不为难。但是后来环境发生了变化：由于经济的衰退，工人阶级失业严重，而且随着后工业时代的来临，制造业渐进衰退、服务业兴起。因此，新时代的工人阶级的孩子可能不再执着于进入工厂，通过体力劳动来彰显男性气质（Nadine Dolby and Greg Dimitriadis, 2004）。

是什么样的工作而定。如果比较轻松体面，他们自然乐意跟从，反之，他们宁可无所事事也不愿步入其中。HX 学校的不少学生父母从事贩卖蔬菜、水果的生意，有的已经颇具规模，赚钱也不少。但是孩子们对此并不动心，因为这种工作非常辛苦。往往凌晨两三点就要开车去很远的地方拿货，而且在市场卖货无论风吹日晒都不能休息。①

威利斯指出，"小子"对劳动力商品特殊性的洞察以及他们反抗学校权威的经历，意味着他们可能在工作场所去反抗支配关系。"小子"清楚地知道他们的劳动力是抵制不合理要求的盾牌，这为他们后来在工厂中反抗资本的要求孕育了种子。因此，虽然反学校文化导致了阶级再生产，却也蕴含着社会变迁的可能。这一点正是威利斯浓墨重彩地描写"小子"反学校文化的一个重要原因。虽然在某些人眼中，"小子"们的行为不过是粗野的捣乱的行为，虽然阶级再生产的结局使得他们的反抗似乎显得毫无意义，但是威利斯却从中看到了促进进步和变迁的潜力。

但是作为一种内涵着自我否定的反学校文化，"子弟们"的抵制更多的是一种自我放弃的表达方式，而不是对不公平的社会秩序和支配关系的抗争。孩子们多把学业上的失败归咎到自己身上或者父辈的农民出身上，"我就是觉得自己天分不够，不是学习的那块料"，"学习主要看自己，你要是想学的话，别人怎么闹也不会影响你"。在他们看来，他们就读于打工子弟

---

① 其实对于在市场贩卖的人来说，休息时间是随自己掌控的。但是一般情况下，无论晴雨，他们每天都会去市场买卖。根据笔者一位亲戚的介绍，一旦在家歇着，原有的比较稳定的顾客可能就流失了。

学校这件事是极为稀松平常的，因为户口的原因不能在北京高考也在情理之中，"各有各的命，户口在哪儿就应该在哪儿考，没有什么不公平的"。因此，与"小子"不同，"子弟"的学校经历并不足以滋生一种抵制资本要求的工厂文化。

四 "子弟"反学校文化的生产机制

在威利斯看来，"小子"的反学校文化一方面是他们对其前文化形式——工厂文化的承继和发展，另一方面则在于他们对学校的信息所作的创造性的重新解释。"小子"继承了父辈对粗犷、刚毅的男子汉气质的认同和追求，以工人阶级从事的体力劳动自居，同时他们也对自身的生存条件和社会地位，对以文凭交换顺从的教育范式有所洞察。学校试图通过知识和学历证书的奖赏来换取学生的遵从和顺服。然而，"小子"们对这些所谓的奖赏的价值深表怀疑，他们认为，牺牲独立和自由换取的一纸文凭并不能有利于他们找工作，也少有可能带给他们向上流动的机会。大多数他们可能从事的工作都是去技术化、高强度和标准化的，需要很少的技术和培训，因此学校教育所教导的知识没有什么实质性的价值。他们也认识到现代教育中个体逻辑与群体逻辑的差别。在一个阶级位置相对固化的社会，对学校制度和权威的服从虽然可能使某些个体得以向上流动，但是对于工人阶级整体而言则毫无意义（Willis，1977：126~128）。

那么打工"子弟"的反学校文化又是何以生成的呢？如果说"小子"所继承的前文化使得他们的反学校文化多少显得顺理成章的话，那么考虑到"子弟"对知识的认同以及超越父辈生活境遇的愿望，他们对知识的拒绝乃至反抗就有些矛盾和荒谬。要深入理解这一现象，我们需要察看那些他们身处其中的社会条件和制度安排。在笔者看来，"子弟"所表现出来的反学校文化，尽管与青春期少男少女的叛逆，与90后一族独特的心理状态、价值观与行为模式都不无关系，实质上却是在一系列的结构因素和社会条件的作用下一个渐进的自我放弃的过程。如果说"小子"是甘心乐意地选择了放弃通过教育向上流动，那么"子弟"则更多的是被迫放弃。种种现实的社会条件不仅把他们曾有的"超越"梦想予以压制，而且在很大程度上剥夺了他们求知的意愿和能力。这里的社会条件至少包括两方面：边缘化的教育和边缘化的社区。一方面，他们不得不居住在城市的边缘地带，形成一个具有同质性、封闭性并且传递农民工生活方式和职业地位的聚居区；另一方面，他们在教育上被边缘化，或者只能在城市教育质量低下的公办学校就读，或者干脆被排除在正规的教育体制之外。所有这些都使得他们试图透过教育来向上流动从而改变自身命运的愿望难以实现。从这里，我们可以看到"小子"和"子弟"的反学校文化的第四个区别：前者更多地表现为一种主动选择，后者则是一种被动放弃。

（一）边缘化的教育

一般来说，流动儿童在流入地城市的就学途径主要有：公立学校、打工子弟学校、流入地政府专门为流动儿童举办的学校、高收费私立学校（贵族学校）以及流出地政府在流入地所办的学校（一般被称为"跟踪学校"）。"跟踪学校"为数不多，在高收费私立学校就学的农村流动儿童很少，所以这两类学校在本研究中不予考虑。流入地政府专门为流动儿童举办的学校也不多，在分析中一并归入公立学校类型中。因此，打工子弟学校和流入地的公立学校是流动儿童的主要就读学校。

1. 打工子弟学校

从 20 世纪 90 年代末直到 21 世纪的头十年，流动儿童较难进入城市公立学校就读。为了解决流动儿童的上学问题，出现了许多打工子弟学校。在公立教育资源无法获得的情况下，打工子弟学校为流动儿童提供了受教育的机会，其贡献无法否认。打工子弟学校的创办者往往都有一段心酸的办学历史。他们承受着种种压力，在夹缝中求生存。但是，除了极少数学校之外，这类学校提供的教育质量低劣也是不争的事实。

1.1 管理

绝大部分的打工子弟学校以盈利为办学目的。尽管一些办学者最初办学的动机是因为看到农民工子女无学可上而心生怜悯，但是一旦经营开来，办学者就会越来越关注其中的利润空间，因为这的确是一桩有利可图的事业。盈利动机使得办学者倾向于"低投入、高收益"的办学策略，学校的不稳定状态进一步加剧了这种取向。在很长一段时间内，打工子弟学校都没有取得合法地位。虽然政府的政策从最初的打压和取缔逐渐转向默许，但是打工子弟学校的法律地位始终没有被承认。用 HX 学校谢校长的话说就是，"不说你是非法的，也不承认你是合法的"。这种模糊的法律地位使得学校面临各种各样的风险而得不到有效的保护。即便政府不取缔，在城市的拆迁大潮中，它们也很可能遭受被拆迁的命运。

这两个因素合在一起，就导致了如下的情况：首先，校长往往以低工资招聘教师，并且压低教师的福利。在 HX 学校，初中老师的月工资是 1050 元，小学老师的月工资为 950 元。校长告诉我，因为学校经费紧张，所以没法给老师们涨工资。老师们则认为，不是学校缺钱，而是校长不愿意往外掏钱。李老师给我算过一笔账，学校约有 1400 名学生，其中小学生约有 1300 人，学费是一年 1200 元；中学生约 140 人，一年学费 2000 元。因此一年的学费收入总额约为 184 万元。学校一年的支出如下：房租 27 万元，老师的工资约在 80 万元左右。这样算下来，每年至少有几十万元的盈余。这还不算学校收到的各样捐助以及小卖部和食堂的收入（一些学生中午在学校食堂吃饭，每餐交费 4 元，但是成本约在一两元左右）。

在我调查的期间，校长在学校推行"量化工资考评制度"。考评包括卫生、纪律、盯课、家访、出勤、安全等八项内容，班主任评定分为优、良、差等五个档次，奖金分别为 50 元、40 元、30 元、20 元和 0 元。其他任课老师评定分为四档，奖金分别为 20 元、15 元、10 元和 0 元。也就是说，一位班主任老师如果每月各方面工作都达到了学校奖励的标准，就可以获得 50 元的奖金，而任课老师则最多只能得到 20 元的奖金。据学校的王主任介绍，就这 50 元钱：

> 还是我和另一位副校长争取了好长时间才争取下来。我们刚开始定的是三档，优 50（元），良 +40（元），良 -30（元）。算下来（一个月）1300 多（注：指奖金总额）。她一看太多了，分了 5 档，变成 950（元）了。（WFY 主任，20100419）

班主任按照班级学生人数每月领取班主任津贴，按照每名学生 1 元计算，因此如果一个班有 40 名学生，他/她就会另外得到 40 元的补助。其他的老师除了工资和上述可能得到的 20 元奖金之外，几乎没有什么额外的补贴或福利。2010 年教师节学校给每个老师只发了一支牙膏和几个水果。在寒暑假和法定节假日，老师们都是没有工资的。干一天活拿一天钱，这里比起一般意义上的学校，更像是按天付酬的公司。

其次，学校少有动力去投资改善学校环境和教学设施。和许多打工子弟学校一样，HX 学校的设施非常简陋。校舍主要由三排平房组成，教室地面凹凸不平，桌椅也比较破旧。每间教室只有两盏节能灯，而且总有一盏是坏的，所以到了阴雨天气，教室就显得分外阴暗。没有任何多媒体设备，三排平房之间的空地就是学生的操场和活动场所，除了四个水泥筑成的乒乓球案，再也没有什么别的运动设施了。

对那些曾经在其他较好的学校上过学的学生来说，HX 学校带给他们的心理落差非常之大。他们很明白"学校不是没钱，而是舍不得给我们花钱"。八年级的小梦从四年级到七年级曾经在另一所具有公立性质的学校就读，她很怀念那所学校：

> 好像是区里教委办的，跟一般的私立学校不一样。学校比这大多了，很大一个操场。不像这里就这么一小块儿活动的地方。每个教室门前都有两棵树，还有一盆花。(HX) 什么器材都没有，ZH（指她曾经就读的公立学校）有篮球、乒乓球、足球。操场比这里大多了。ZH 还有两个篮球架。还有外国球星去那儿呢！鼻子老大老大，脸老黑老黑，我看过他们的合影。ZH 电脑室里面的电脑都是

迷你笔记本，这儿的电脑都快报废了，而且不能上网。一登 QQ，键盘就自动锁住，不能用了。那边每个教室都有一台饮水机，前后八个风扇。这里就中间一个，把我快热死了。（WDM，20110611 访谈）

最后，学校往往不加甄别和选择地招收学生，也不会轻易地开除学生。虽然这种做法表面上看来很人性化，但是实际上这并非学校平等看待所有学生，或者是出于对学生的爱护而采取的举措，而是为了赚取更多的利润。因为多一个学生，就多了一笔收入。对打工子弟学校来说，学生的学费是最主要的收入来源，所以在某种意义上，学生就相当于学校的生命线。

这种竭力拉拢学生、增添学生数目的心理和做法使得学校在对学生的管理很是不力。学生们胆子很大，知道学校不能"拿自己怎么样"。从七年级到九年级，每个班都有几个极为难管的学生，他们对课堂的纪律影响很大，又时不时打架滋事，但是学校对他们毫无办法。每次校长似乎都只是轻描淡写地说几句，事情就了结了。不仅如此，据说学校还常常"故意"让学生在考试中获得好成绩，以便取悦家长，从而留住生源。

（校长）让我们不要把题出的太难了，学生考一二十分，不好看。有一次九年级考试，谢校长还在黑板上给他们写答案。（L 老师，20100617）

1.2 师资

因为工资很低，所以 HX 学校很难吸引高水平的老师。在我调查的期间，学校的 50 多位老师中，持大专以上文凭的只有三人，师范专业的仅五人，除此之外多数都是高中文化程度。其中一些老师在农村做过一段时间的民办教师，另一些在进入 HX 学校之前则没有任何教学经验。少数几位老师的受教育程度仅仅初中毕业。老师的文化素养、知识水平以及教学能力普遍比较低下。七年级的语文老师几乎每堂课都是拿着课本或者教学参考书照本宣科地读。英语老师发音不准，历史、地理、生物老师上课时基本上也都是照着课本读一遍而已。

老师们对校长充满了抱怨，说校长"会算账"，"校长的钱难挣"。另外他们对教学工作没什么兴趣，按照他们自己的说法，就是在 HX 学校混日子。稍有能力的老师都在想办法另谋生路，最通常的方式就是做家教。据谢校长介绍，有一段时间老师们做家教很"疯狂"，不等放学就都走了，甚至上课的时间让学生自习自己却忙着为家教课程备课。虽然校长严加整顿，但家教之风仍旧盛行不衰。挣钱在老师们看来既迫切又重要。尤其对那些有家有口的老师来说，如果没有额外的收入，生活确实非常困难。而另一些脱离了生活危机的能手，在挣"外快"的过程中则变得越来越"贪心"，因此也就越发不可收拾。

老师没有把心思和精力都放在教学上，而且流动性非常强。拖家带口的老师相对比较稳定，他们不会轻易放弃在 HX 学校工作的机会。因为 HX 学校提供宿舍（尽管极为简陋），在学校吃饭不怎么花钱，幼龄孩子在学校里待着也相对比较安全。学历低、能力欠缺、年龄偏大的老师也较为安定。但是有文凭有实力的年轻老师则很不安分，HX 学校的种种条件让他们失望，因此他们总希望有一天能走出去。

初中的英语老师王老师，2010 年 3 月开学初来到 HX 学校。她从河北一所大学的生物专业本科毕业后，跟丈夫一起来北京闯荡。丈夫考过了注册会计师，在一家会计师事务所上班。她刚开始在一家公司销售家具，后来辞职了，原因是自己的性格不适合销售工作。她说："我比较老实，不会瞎说。什么不掉漆，不变形啊，都是骗人的，我说不了这些话。"之后她到了 HX 学校旁边的另一所打工子弟学校，教小学二年级，而且担任班主任。月工资 1500 元，比 HX 学校的工资水平高不少。她说当班主任太累了，而且想学点新东西，想教教大孩子，所以到 HX 学校来了。但是 HX 学校却让她很不满意：

> 工资太低了，而且特别累。早上不到六点就起床，昨天开会说下午五点以后才能走。一天十二个小时就搭在这上面了，还要写教案，教学计划……我有一些同学在北京，有房有车，他们说来我工作的地方看看，我都不让来，不好意思，这里太荒凉了，连杯豆浆都买不到。我每天早晨都是从我住的地方买杯豆浆，买个包子……听说学校早晨有粥，但是馒头都是凉的。中午吃饭交一块钱，没什么油水，菜都是拿水煮出来的，所以很容易饿……小学生好管，他闹你说一说就好了，要是说表现好的奖小红花、小纸鹤，他们就把手背在后面或者这样放着（注：指两手互搭在小臂上，放在桌上），提问的话，都把手举起来，想让你夸他/她。这些大孩子就难缠多了，你怎么喊他们都不听……我对自己现在的状态特别不满意。北京开销这么大，我就挣这么点钱，我家是农村的，父母养我这么多年，也该给他们些钱。我什么时候才能冲出去啊？（W 老师，20100412 访谈）

　　王老师和丈夫租了一间平房，月租金350元。其实她的丈夫工资相对较高，一月四五千元。小两口能够租个条件较好的地方住，但是她不愿花这笔钱。

　　　　他说你就在家养身体，因为我身体不太好，但我不愿意，待在家里没事干，多没意思啊？再说我一个大学生，难道还要靠他养活？（W老师，20100412访谈）

　　其实，与大多数的老师相比，王老师算是幸运的。她有一个收入较高而且心疼她的丈夫。学期结束后，她就离开了，因为打算生孩子，丈夫让她在家里休息。对很多老师来说，改变命运还得靠自己。她们（打工子弟学校大多数老师都是女性）没有可依靠的关系，而想要嫁个"好老公"对她们来说也是可遇不可求。实际上，对于单身女老师来说，找对象是一个很大的难题。HX学校的男老师屈指可数，按照李老师和孟老师的说法，男人要是在这种地方干，连自己也养活不了，就更别谈娶老婆了。男老师稀少为女老师的终身大事带来了困难，不过即便不缺男老师，很多女老师也不大愿意在男老师中间寻找终身伴侣，因为这实在是一份没什么前途的工作。找对象困难更主要的原因在于，老师们交流的范围非常狭窄，因为内心深处的自卑，这些老师很少与先前的同学或朋友保持联系，而且她们也没有什么社交活动。放学之后，她们一般就在学校周围转转，买点东西，在宿舍听听歌，然后就洗漱睡觉了。周末则在周边逛逛街。

　　小学六年级的班主任郭老师，今年已经30岁了，还是单身。

我出来了嘛，老家那边说（媒）的人也就少了，都说，北京那么好，你在北京发展吧，肯定不会回来了。这边呢，接触的人又少……我还不想找（注：嫁给）老师。工资低不说吧，带学生时间长了，肯定就变得爱唠叨了。女人唠叨吧，是她的天性，男人要是爱唠叨，结婚以后肯定受不了。（G 老师，20100505 访谈）

想跳出去的老师多是通过考文凭来等待时机。郭老师就参加了成人考试，拿到大专文凭，并且拿到了教师资格证。还有一些老师在准备考研或者自考。已经成家立业的人，比如七年级和八年级的班主任，在 HX 的教学之外谋着生路，同时也在通过考取文凭来积蓄力量，等候机会的到来。也有一心期待找个好对象来改变自己命运的人。9 月刚刚来到 HX 学校的江老师就是其中的一个。江老师曾经谈过一个男朋友，北京人，有房有车，后来因为男方的妈妈出言不逊，惹怒了江老师母亲，两人就此分手。江老师谈起这段往事后悔不迭，她说以后想找这么好条件的人不容易了。江老师经常眉头锁着，时不时发呆，她说待在这里没指望，要啥没啥，一心想嫁个有房有车的北京人，这样自己以后的日子也就好过了。她说："我们跟你们不一样（注：意思是学历低），两个人要是都打工的话，生活就太没保障了。"

总而言之，大多数 HX 的老师眼睛都是望着外面的，一旦有了合适的机会，他们就会离开。虽然一些老师说跟学生在一起有了感情，但是这并不能留住他们的心。通常情况下，到 HX 工作的老师至少会待够一个学期。少数人则会闪电式地离开。七年级的语文老师宋老师就是一个例子。我第一次见到他是在他来 HX 之后的第一堂课上，但是第三天他就背着包走了，原因是学校给他安排了六门课。

1.3 课程

虽然从形式上来看，HX 学校的课程较为全备，但是在实际的教学中却存在很多变数。比如电脑课，上课时学生分作两拨进到电脑室玩游戏，据说七年级仅仅教过一次怎么创建邮箱，除此之外都是玩电脑游戏。音乐课的课本内容很丰富，包括乐理知识、歌曲欣赏等，曲子的内容也很多样，但是老师并不按照课本教，而是用 MP3 播放流行歌曲，把歌词写在黑板上，然后带领学生跟唱。音乐老师告诉我："我怕按课本来，他们都不学，还不如放点流行歌曲，他们还能知道一些歌和歌手的名字。"体育课也是形同虚设。没有场地，也没有器械，踢足球、打篮球都不可能，只有四个水泥做的乒乓球台。体育老师开学初就走了，一直都没有招到新的老师，所以上课时一般都是自由活动。

语文、数学、英语是学校最为重视的三门课程，但是因为老师的知识有限、教学积极性不高，加之学生普遍厌学，老师所能传达和学生所能领受的知识都少得可怜。老师们仅限于讲授课本的内容，不能进行深化和拓展，而且讲解本身也很无趣。七年级的语文老师从来也没有指导学生怎样写作文，只是留一个题目让学生自己写，也不对学生的作文进行讲评。而像历史、地理等副课，学生本身不重视，因此在课堂上更放肆，老师如果不能压住课堂几乎无法讲课。因为老师频繁流动，所以师资力量严重缺乏，常常出现一个老师教四五门课程的情况，教学质量自然更难保障了。另外，为了节约开支，当某个老师离开之后，学校并不急于招聘新的老师，而采取其他老师代课的办法或者干脆让学生自学一段时间。① 所有这些无不对孩子的学业造成严重影响。

2. 城市公立学校

除了打工子弟学校，随着国家政策的不断改善，城市公立学校也开始逐步招收一定数量的流动儿童。

2.1 "两为主"政策的形成

从 1996 年到 2006 年，国家逐渐形成和明确了关于流动儿童教育的"两为主"政策。1996 年 4 月，国家教委颁布了《城镇流动人口中适龄儿童少年就学办法（试行）》，这是国家就流动儿童教育问题专门颁布的第一个政策文件。该办法规定，流入地人民政府要为流动人口中的适龄儿童和少年创造条件，提供接受义务教育的机会。流入地教育行政部门，应具体承担城镇流动人口中适龄儿童和少年接受义务教育的管理职责。1998 年 3 月，国家教委、公安部颁布《流动儿童少年就学暂行办法》，内容与 1996 年的文件基本相同，但有几处规定更为清晰。

从 2000 年下半年开始，国家提出改革城乡分割体制，取消对农民进城就业的不合理限制。农民工从"单身外出"到"举家迁徙"的趋势更为凸显，流动儿童的就学问题因此更加突出。2001 年国家颁布了《国务院关于基础教育改革与发展的决定》，强调"要重视解决流动儿童少年接受义务教育问题，以流入地政府管理为主，以全日制公办中小学为主，采取多种

---

① 如果其他老师代课，学校就会省出一笔钱。一个老师每周 24 节课，如果都是其他老师替上，则一个月学校只需支付其 480 元的工资（每节课的代课费 5 元），但是如果招聘一个老师工资至少要 950 元。

形式，依法保障流动儿童少年接受义务教育的权利"。这是"两为主"政策的第一次提出。但是该决定只是一种指导性的政策，不具有强制性，因而在实际操作过程中弹性很大。

2003 年，国务院办公厅印发了《关于做好农民进城务工就业管理和服务工作的通知》，要求"流入地政府应采用多种形式，接受农民工子女在当地的全日制公办中小学入学，在入学条件等方面与当地学生一视同仁，不得违反国家规定乱收费，对家庭经济困难的学生要酌情减免费用"。并且规定"加强对社会力量兴办的农民工子女简易学校的扶持……简易学校的办学标准和审批办法可适当放宽"。2003 年 9 月，教育部等六部门出台了《关于进一步做好进城务工就业农民子女义务教育工作的意见》，明确地将 1998 年《流动儿童少年就学暂行办法》中的"借读"一词去掉，变成了流入地政府对流动儿童的"接收"，并强调"进城务工就业农民子女九年义务教育普及程度达到当地水平"。

2006 年，政府颁布了《国务院关于解决农民工问题的若干意见》，要求"保障农民工子女平等地接受义务教育"，并且明确提出"两为主"的原则，即以流入地政府为主、以全日制中小学为主，负责解决农民工子女的义务教育问题（周佳，2005；刘成斌、吴新慧，2008）。

2.2　公立学校对流动儿童的吸纳

伴随着国家政策的演变，城市公立学校在接收流动儿童的策略上也在逐步改变。起初是完全不接收，后来则少量接收，但是要收取一定的借读费和赞助费，而且实际上往往还要求有比较过硬的"关系"。公立学校对流动儿童的这种态度，主要原因在于，根据"地方负责、分级管理"的义务教育制度，学校的经费是地方政府按照户籍人口划拨的。流动儿童的户籍不在流入地，因此流入地政府没有责任负责其教育资金，学校也就不可能得到相关的经费。这样流动儿童自然成为公立学校的额外负担。此外，无论是老师还是学校在绩效上的考评均以当地户籍的学生为依据，比如学校的升学率，流动儿童是不被算入其中的，这导致公办学校没有积极性来接收流动儿童。而那些零星地接收流动儿童的学校，不仅收费很高，而且往往要求一次性交清①，这对多数农民工来说并不容易。一是因为很难一次性拿出几万块钱，二是因为高度的流动性使得他们并不知道自己接下来的日子会在什么地方过活，一旦离开，交出去的学费等各种费用是不可能被退回的。

随着"两为主"政策的逐步明朗化，城市公办学校在接收流动儿童的问题上也有了进一步的松动。根据 2002 年 12 月在北京、武汉、成都等九个城市的调查，就学的流动儿童中，81.4% 的人在公立学校就读（邹泓、屈智勇、张秋凌，2004）。"但是不同地区以及不同规模的城市存在明显差异。中等城市和小城市公办学校分别吸收了流动儿童的 86% 和 94%，而大城市公办学校的吸收比例只有 77%"（段成荣、梁宏，2005；王毅杰、高燕，2010：114）。上海 2003 年的调查显示 63% 的流动儿童就读于打工子弟学校，北京 2007 年就读于公办学校的流动儿童比例为 66% 左右（王毅杰、高燕，2020：114）。

但是有研究者对这些数字表示怀疑。吕绍青指出，虽然 2003

---

① 因为户籍原因，流动儿童要交一定额度的借读费或赞助费才能进入公立学校就读。一次性交清是指将就读年限内的所有赞助费/借读费一次性交纳。早期，普通公立小学每年赞助费/借读费约 2000 元，流动儿童如果打算在公立学校就读 6 年，则要一次交纳 12000 元。

年以来，政府要求对流动儿童和本地儿童一视同仁并取消借读费，但公办学校在实际的操作过程中却并不一定遵行。借读、赞助费仍然很高。某些学校"通过多收费、高收费和乱收费的方式接纳外地孩子，如果学生交不足规定的费用，学校就会以没有名额或座位为借口拒绝接收农村流动孩子"。这导致大多数流动儿童仍被公办学校以各种不合理借口拒之门外（吕绍青，2007：73）。

2010年之后，流动儿童进入流入地公办学校就读的机会进一步增大。根据东北师范大学课题组2015年对全国的抽样调查显示，义务教育阶段有73.83%的农民工随迁子女就读于公办学校，8.72%就读于打工子弟学校（邬志辉、李静美，2016）。但是必须指出，第一，这是一个逐步放开的过程。而且不同地域情况很不相同。在一些地区，进入公办学校的证件要求和繁琐手续使得一些农民工家长望而却步。虽然缴纳赞助费的规定已经取消，但是流入地教育主管部门对流动儿童在城市就学往往要求提供一系列的证件材料，一般包括：身份证、户口簿、居住证/暂住证、租房合同/房产证、劳动合同/务工证明、连续缴纳社会保险证明、计生证等。身份证、户口簿之外的五类证件都具备的农民工比例很低（邬志辉、李静美，2016）。在北京和上海，2013年以后，随着特大城市人口控制政策的出台，流动儿童在城市就学的门槛逐步提高，在公立学校甚至政府审批的民办学校就学的流动儿童人数开始呈下降趋势。所以仍然有相当数量的流动儿童在打工子弟学校上学。第二，大规模接受流动儿童的公办校以"薄弱校"居多，在一些特大城市尤其如此。如王毅杰调查发现，接纳流动儿童的公办中学，均位于城乡接合部，从教育教学设施到师资力量，都无法与城市儿童集中就读的学校相媲美（王毅杰、高燕，2010：45）。"薄弱校"之所以大规模接收流动儿童，既有来自政策的推动，也与学校自身的发展状况有关。就北京的情况来看，一方面，为落实国家的"两为主"政策，一些区教委要求"薄弱校"无条件接收流动儿童。另一方面，因为本地生源流失，"薄弱校"日益面临生源危机（刘谦，2016：47）。如此一来，"薄弱校"对接收流动儿童便表现出较高的积极性，因为既因应了国家政策，又解决了生源问题，可谓一举两得。第三，当流动儿童进入公立学校之后，他们往往被作为一个特殊的群体被特殊对待，遭受歧视的情况时有发生。一些研究发现，步入公立学校的流动儿童往往与本地学生之间有着明显的区隔，他们可能被单独编班，被老师区别对待，受到本地学生的嘲笑，而他们自身也在进行划界（熊易寒，2010；汤林春，2009）。换言之，即使到如今，仍然有较大数量的流动儿童未能纳入公立教育系统之中，在北京、上海等特大城市尤为明显。另外，形式上的教育公平并不能保障实际的教育公平，进入公立教育系统中的流动儿童不仅未能充分享受城市的优质教育资源，而且因为自己的独特身份面临着许多新的问题。

3. 中考/高考的制度障碍

事实上，流动儿童面临的更关键的教育问题，或许还不是义务教育阶段在何种类型学校就学的问题，而是流动儿童在流入地参加中考和高考的制度性障碍。

从 2010 年开始，对流动儿童义务教育后的继续升学问题开始提上政府的议事日程。明显的标志就是 2010 年 7 月国务院颁布的《国家中长期教育改革和发展规划纲要（2010～2020年）》第四章第八条中提出了"确保进城务工人员随迁子女平等接受义务教育，研究制定进城务工人员随迁子女接受义务教育后在当地参加升学考试的办法"的任务目标。

2012 年 8 月 30 日，国务院办公厅转发教育部等四部委联合发布的《关于做好进城务工人员随迁子女接受义务教育后在当地参加升学考试工作意见的通知》，要求地方在制定相关政策时要根据城市功能定位、产业结构布局和城市资源承载能力，根据进城务工人员在当地的合法稳定职业、合法稳定住所（含租赁）和按照国家规定参加社会保险年限及随迁子女在当地连续就学年限等情况，确定随迁子女在当地参加升学考试的具体条件。在这一背景下，全国各地陆续出台了允许随迁子女在流入地升学考试的政策方案（吴霓，2014）。

截至 2010 年 12 月，允许农民工子女在流入地参加中考的省或直辖市有 6 个，明确作出规定的有 19 个地级市及 4 个区县，共涉 20 省。截至 2014 年 8 月，有 27 个省份明确了随迁子女在当地参加中考的政策。各省、市教育部门在允许农民工随迁子女参加中考的同时，根据当地的情况大都设定了不同程度的报考条件。[1] 在以北上广为代表的大城市，异地中考的门槛依然较高，数量庞大的随迁子女因达不到相应的政策要求，无法在当地参加中考（吴霓、朱富言，2011：34~48；吴霓，2012；吴霓、葛恬，2016）。

至于高考的政策规定，从截至 2012 年 12 月 31 日，21 个省份出台的随迁子女在当地参加义务教育后升学考试工作方案来看，大部分地区允许随迁子女参加普通高等学校招生考试，

---

[1] 例如，部分城市规定，异地中考只面向本省内的农民工随迁子女，跨省农民工随迁子女仍需回户籍地参加中考。另外，大多数城市需要随迁子女提供暂住证、原籍户口、流入地初中学籍证明和父母务工证明等材料。参见吴霓、葛恬，《农民工随迁子女异地中考政策研究》，载于《中国流动儿童教育发展报告（2016）》，社科文献出版社。

允许参加本科、专科层次录取。但部分地区，如北京、广东、内蒙古、上海、新疆、云南等地区则限于报考职业类院校；各地对随迁子女在流入地参加高考"门槛"的设置差异较大。有的地区只要求随迁子女有三年学籍，有的对其父母居住证明、稳定住所、稳定职业及社保缴纳年限等均有明确规定。北京、上海、广东等经济发达、人口流入量大、优质教育资源丰富的省份，公布的方案通常比其他省份的"门槛"要高。部分地区的方案虽然未涉及更多要求，但隐含着诸多环环相扣的潜在条件（吴霓，2014）。也就是说，虽然国家近几年致力于推动异地高考，但是在一些城市，农民工随迁子女在流入地参加高考仍然存在很大障碍。

高考的制度障碍对流动儿童的影响极大。打算参加高考的流动儿童必须尽早回到户籍所在地上学。因为户籍所在地与流入地所用教材不同，命题差异也很大，所以他们必须尽早回到户籍所在地上学以适应新的教学和考试体系，更何况他们在流入地往往也得不到中考的机会。这也是为何打工子弟学校小学部人数较多，而初中部人数较少的原因。另外，这也可以解释为何初中阶段的"子弟"们表现出更强烈的反学校文化或经历急剧的成绩下降。因为留下来的孩子清楚地知道他们基本上没有考大学的可能。那些回到老家的孩子从流动儿童转变为留守儿童，他们往往很难适应新的环境，除了极少数人，绝大多数的孩子都会成为学校教育的落伍者。有研究指出，"回流"的流动儿童遭遇语言障碍、"文化冲击"、成绩倒退，回流的适应过程和城乡两地断裂的教育体系对他们造成了很大压力，也导致他们难以取得较好的学习成绩（顾静华，2016）。

在此，我们看到，高考的制度障碍对流动儿童教育的影响。

一是两地教学和考试内容不同导致衔接和适应的困难。在HX学校，我曾经听到两个七年级女孩的一段对话。小蕾是班上成绩最好的学生，她告诉同学小妍自己打算学期末回老家读书。小妍说道，"老家学的难，你要回去之后还能拿第一我就把名字倒着写！"小蕾听后好长时间默然不语，因为她知道这话虽然有些刺耳，却说出了实情（田野笔记，20100410）。在家庭访谈中，一位学生的母亲谈到把孩子转回老家之后的状况。她说虽然找了老家最好的学校，但是因为孩子"在北京学得浅"，加上"不习惯"，所以跟不上家乡学校学习的进度，后来不得已只好又转回北京。

> 中途不好弄了（注：意思是学期中很难转入比较好的学校），看着初中快毕业了，就在HX混着吧。（YZG母亲，20100414访谈）

二是削弱了他们的大学教育期望。根据威斯康星学派的发现，教育期望对高年级学生的教育获得有很强的影响；无论男性还是女性，教育期望对其教育获得都有非常明显的调节作用（Sewell and Shah，1967；王甫琴、时怡雯；2014）。王甫勤在威斯康星的教育获得模型的基础上，使用2010年"上海居民家庭生活状况调查"数据分析发现，在少年时具有大学教育期望的人，最终获得大学教育的机会明显增加。教育期望与家庭的社会经济地位有关，具有优势地位的家庭更能激发和维持乃至加强孩子的教育期望。对流动儿童来说，他们的教育期望不仅难以从家庭获得强化，而且受到高考制度障碍的消极影响。

北京的蒲公英中学给我们提供了一个反例，从中我们可以看到，当流动儿童拥有"出路"和"盼望"时，他们学习的动力较强，能够取得的学业成就也相对较大。

蒲公英中学是北京的一所公益性打工子弟学校，2005 年 9 月第一次招生。虽然反学校文化是打工子弟学校的普遍现象，但是蒲公英中学的景况却颇为不同。笔者在此曾对学生做过一次问卷调查，超过八成的孩子表示争取在毕业以后继续读书，仅一成的孩子希望毕业后开始工作，其余则表示"听从家里的安排"。在整个学校，对于读书、上大学，孩子们有着高度的认同感。抛开问卷调查数据，在笔者透过远程支教进行跟踪辅导的众多孩子中间，也有相当高的比例表示愿意读大学。与大多数打工子弟学校的孩子们混日子的状态不同，这里的不少学生表现出很强的学习劲头，学习成绩也比较好。

究其原因，除了学校的纯公益性质、严格却不失活泼的管理、跨学科兴趣班等因素之外，最重要的原因或许在于学生们有比较好的出路。在校长的努力下，学校的升学渠道几经扩大，主要有：北京某贵族学校的宏志班，大约有二十余个名额；广东某公益高中，名额较少；河北两所高中，共能吸纳大约六十个学生。根据 2013 年学校统计数据，全年级 140 多名学生中，有 96 名学生通过上述几个途径升入了高中，录取率高达 68%。此外，校长竭力联系海外资源，希望优秀的学生能够获得出国继续深造的机会。到 2017 年为止，成功获得留学机会的蒲公英中学学生共有 13 人。学校提供的这些升学渠道，为他们接受更高更好的教育提供了较大的可能性。正是这种可期待的未来成为蒲公英中学一些学生努力学习的重要动力。

然而蒲公英中学只是一个特例。诸多打工子弟在城市接受的是低质教育，异地升学的政策限制使他们进一步丧失了学习的动力和热情。正是这些边缘化的制度安排在很大程度导致了他们或者形成"积极"的反学校文化或者表现为消极的自我放弃，并早早地进入劳动力市场成为新一代的务工者。

（二）边缘化的社区

有学者把农民工在城市的居住模式概括为两种形态：资本主导型和社会主导型。前者包括员工集体宿舍、临时工棚和工作场所等居住方式，特点是工作与生活一体化，并且多由资本负责提供食宿，后者包括出租屋、借住、不固定以及自购房居住等居住方式（蔡禾、刘林平、万向东等，2009；任焰、潘毅，2008）。至于选择哪一种居住方式，首先与农民工所从事的行业有关。比如在建筑行业，因为工人随工程地点而频繁流动的特点，建筑公司或者包工队往往在工程所在地搭建临时工棚供工人居住。在工厂务工的农民工，则较多居住在工厂建造或者租赁的宿舍里。这种居住方式在南方的一些工业园区比较普遍。在服务业工作或者在其他非正规行业里（包括自己做生意等）工作的农民工，则以自行租赁房屋居住最为普遍。其次则与农民工是否携带家人有关。已婚农民工、家庭外出打工人口较多的农民工多倾向于选择社会主导型居住方式（蔡禾、刘林平、万向东等，2009）。据调查，在广州、浙江、重庆、上海等地，农民工租房居住比例在70%以上。在出租屋模式中，租住村镇或城中村的私人住房的占绝大多数，租住城市商品房、单位出租屋的比例非常低（王凯、侯爱敏、翟青，2010；蔡禾、刘林平、万向东等，2009）。

携家带口的农民工一般居住在城中村或城乡接合部。具体的聚居形态，又可分为以地缘、亲缘和业缘为纽带形成的同质性聚居区以及由来自不同地域、从事不同职业的农民工自发聚集而成的异质性聚居区（张建伟、胡隽，2005）。所谓城中村，是指农村村落在城市化进程中，由于全部或大部分耕地被征用，农民转为居民后仍在原村落居住而演变成的居民区，亦称为"都市里的村庄"，一般多分布在城市建成区的边缘地带和城乡接合部地区。2009年北京市流动人口管理委员会调查数据显示，在北京城乡接合部1673个社区（村）中，流动人口总量达312.99万人，占全市流动人口总量的40.8%，是户籍人口数量的3.4倍（冯晓英，2010）。这些地方的房屋供给充裕，而且价格低廉，因此对于农村流动人口颇具吸引力。

1. **文化的贫困**

一些研究者指出，城中村的居住条件非常恶劣。房东为了增加租金收入，私搭乱建了许多存在高危隐患的房屋，居住空间狭窄，房屋破旧，环境卫生差，而且由于管理不力，社会治安问题，甚至刑事犯罪频频发生（张建伟、胡隽，2005；崔晓黎，2006）。

笔者所调查的HX打工子弟学校的学生多居住在学校附近的五个农民工聚居区里。每次当我向孩子们提出去家里看看时，他们都会显得很为难，因为家里的居住条件不好。在HX学校东面有一个很大的农民工聚居区，可能集中了几千人，比较脏乱。公共厕所里粪便堆得四处都是，苍蝇飞来飞去，便坑里面粪便也堆满了，周边很脏，几乎很难找到干净的立足的地方。房子都是一排一排的平房，排列还算整齐，几乎家家户户门前都有一个多出来的空间，这是用木板之类的东西在门前隔出来的一块地方，一般用作厨房或堆放杂物。普通住家的面积大概在十二三平方米左右。一般来说，卧室和客厅是合二为一的，房间里摆设着一张双人床、孩子的单人床、柜子、桌子之类简单的几样家具。有的家庭会给孩子单独隔出来一小块地方用以睡觉，有的家庭则只是用一个布帘子将大人和孩子的床铺加以区隔。少数经济条件较好的家庭会给孩子单独租一间房间。租金按地理位置和房间的大小而有所不同，一般是 250～400 元。

农民工聚居区的生活条件恶劣：一家老小挤在一个狭窄的房间内，难有任何隐私；厕所为老式旱厕，且在屋外几十米远处的地方；家里没有自来水。对流动儿童来说，这种居住环境对他们的影响，主要不是物质条件的匮乏，而是提供了一种消极的社会教育。雷通群曾经指出：

> 无论学校教育或家庭教育，均须藉社会教育的补助，方能完全收功，此人所同认也。惟是学校与家庭的教育是有意识的，具几分强迫性质，社会教育是无意识的，略具放任的性质。成人与儿童，除家庭、学校及职业三种生活外，其余之时日，即在社会上费去。常人之在家庭、学校与职业三种生活中，均多少感受束缚，独在社会生活，精神较觉畅快。因此，若社会上诸般设施，无一毫教育意味，纵使学校与家庭之教育力异常伟大，亦被其打消殆尽。反之，若社会诸种设施，能凑合一般的教育理想，则在学校与家庭中，历经艰苦的训练而尚未彻底感化之任务，往往于不觉间受社会之潜移默化。人性固厌闻直接的训诫，但于无意识的暗示，独喜领略。（雷通群，2008：222～223）

　　这段论述颇为精辟。社会教育是无意识的，但却很可能是最有力的。在农民工聚居区里的流动儿童接受的是怎样的一种社会教育呢？借用刘易斯"贫困文化"的概念，笔者认为农民工聚居区呈现出一种"文化的贫困"①，即社区在文化设施和文化生活上的贫乏状态。

　　当前，在大部分城市社区，运动场地、图书室、居民文化活动中心等文化设施已经成为社区的"标配"。但农民工聚居区的文化设施不仅匮乏，而且低质。在笔者走访过的农民工聚居区，上述标准配置一概没有，有的只是棋牌室、网吧、录像厅和小书摊，书摊上出售的多是比较低俗甚至色情的书籍。

　　部分是由于社区文化设施的贫乏，部分是由于农民工的工作状态和受教育程度所致，农民工聚居区里的文化生活非常单调。这些从四面八方涌来的务工者最迫切的需求就是赚钱养家，白天高强度的工作已经让他们疲劳不堪，回到家里除了吃饭就是睡觉，空闲时看看电视。邻居或者相隔不远的亲戚老乡偶尔也会串门走动一下，或聊天，或打牌。

---

① 20世纪60年代初，人类学家刘易斯提出了"贫困文化"（culture of poverty）的概念。他用这个概念表达"在既定的历史和社会的脉络中，穷人所共享的有别于主流文化的一种生活方式，"以及"在阶层化、高度个人化的社会里，穷人对其边缘地位的适应或反应"（Lewis，1968：215）。刘易斯认为，"贫困文化一旦形成，就必然倾向于永恒。棚户区的孩子，到6～7岁时，通常已经吸收贫困亚文化的基本态度和价值观念。因此，他们在心理上，不准备接受那些可能改变他们生活的种种变迁的条件或改善的机会"（Lewis，1966：188）。刘易斯从文化的角度来解释贫困现象的存在和再生产，曾引发较大的争论。我们这里提出的"文化的贫困"与刘易斯所说的"贫困文化"截然不同，也不具有文化优劣的价值评判。

在这样一种社区环境下，孩子们的课外时光在网吧、录像厅、电视机前和低俗书籍中度过便不足为奇了。父母虽然对孩子如此打发时间不大满意，但是他们也不知道还可以让孩子们做些什么更有价值更有意义的事情。

2. 社会资本的匮乏

社会学家一般用"社会资本"概念描述通过社会关系网络获取资源的能力。研究者发现，上层阶级和下层阶级在社会关系和社会资本上的差异非常明显。在同一种族内部，对比处于社会经济顶层 1/5 和底层 1/5 的父母，前者亲密朋友的人数要比后者多出 20% ～ 25%。不仅如此，他们还有范围更广的"弱关系"，即朋友圈更大、更多元。弱关系可以增进社会流动，也有助于提升孩子的学习成绩以及未来收入。如果观察对下一代的发展最有帮助的职业，比如教师、律师、医生、企业管理者，则弱关系上的优势表现得极为显著（帕特南，2017：234）。

虽然关于农民工的研究多会强调关系网络的作用，但是事实上，农民工所拥有的社会关系网络能提供的帮助非常有限。居住的阶层隔离使得他们的社会关系网更为封闭，因而社会关联越来越内聚和同质化，能够拥有的社会资本就更为匮乏。农民工聚居区的流动儿童难以从社区中得到良师益友以对其提供引导和帮助，透过人际关系网络能够获取的信息和资源也很有限。这对流动儿童向上流动的消极影响是清晰可见的。

3. 社区对向上流动意愿的剥夺

不仅如此，边缘化的社区还进一步削弱了流动儿童超越父辈境遇、接近主流文化和生活模式的意愿与能力。这是因为：

第一，城市生活对他们而言不再是神秘而充满吸引力的。

居住在城市的边缘，他们的生活条件和形态其实更多地趋近农村生活而不是城市，但是他们却自然而然地把自己当作了城里人（这并非指身份的认同和归属），并且好像一眼看穿了城市生活的本质而以为城市也不过如此（当然要他们再回到乡村也几乎是不可能的了）。对于农民工聚居区的孩子们来说，城市似乎是一个很熟悉的环境。他们天天穿走在高楼大厦之间，他们很习惯商场和超市那些琳琅满目的商品，他们所居住的地方虽然破旧狭窄，却处于城市之中，他们很自然地认为自己的生活就是城市生活的一部分，因而全然没有必须挣脱"农民子女"的身份，投身到城市的拥抱之中的冲动。这与70后一代的农村孩子不同，也与80后、90后的农村孩子相区别。对70后的一代来说，他们跳出"农门"的愿望是如此强烈和急迫，这种愿望吸引他们竭力向着主流文化去靠近，而读书就是最主要的通道。对于80后、90后的农村孩子，虽然城市并不再像以前的年代那样充满新奇和诱惑，但是他们对城市多少还是存着期待和向往的，这也多少构成了他们前行的动力。从这个意义上来说，农民工聚居区构成了一个奇特的悖论，一方面它与主流的城市生活形态截然不同，虽然处于城市，却更像移植到城市的乡村，但另一方面它又多少带来了一些自我满足，从而打消了年青一代努力向主流文化和主流群体靠拢的愿望。

第二，社区展现了一种职业预期并且为实际的就业提供了信息和进入的可能。子弟们不愿意从事父辈的职业，但是他们也深知要通过读书来改变命运的艰难。在这种情况下，社区向他们展示了另一种可能。社区里一些比他们年龄稍大的孩子，虽然没什么文凭，却找到了不太累、收入也还算不错的工作，[①]这使他们多少看到了自己未来可能的景象。在访谈中，很多孩子都会说他们邻居家的哥哥或亲戚家的姐姐在什么地方打工，赚了多少钱等等，言语之间很是羡慕。而按照他们的说法，他们完全可以通过跟哥哥姐姐们的关系找到同样类型的工作。这种说法虽有几分天真，但也与实际情况基本相符。农民工依靠关系找工作是一个典型的特征，而那些技术含量不高、准入门槛很低的工作比较容易通过引荐得到。因此，读书这条路就被暂时搁置了，与困难重重的求学之路相比，早早地开始工作成为更理性更吸引人的选择。

以下几段 HX 学校学生的访谈记录可以看到学生们如何被早日工作以赚钱的计划所吸引。

> 小晴：大学嘛，考得上就上呗，考不上也没什么。我们院有个姐姐，她家开了三个店，卖门的，她去给她爸妈帮忙，她爸妈给她一个月一万，我都羡慕死了。学习好不好没关系，只要能赚钱就行了。我们班 ZJB 就不上学了，在饭店切菜，一个月还 1300 呢。（WYQ，20100519 访谈）
>
> 小梦：我姑姑的孩子用了七年时间考上了清华的研究生。他说大学生活跟初中高中差不多，就是辛苦些，我怕苦。我姑奶在联通的一个店里工作，五点下班，她经常四点多就走了，特别清闲。老板也器重她。我也想去那里，轻松啊。我姑奶说我也去的话可以安排我"写资料"，一

---

① 其实这些哥哥姐姐们的工资收入仍然是比较低的，但是在孩子们眼中，一个月一千多元就算是很不错的收入了，也许在他们看来这些已经足够自己花费了。

个月一千多。(TXM，20100521 访谈)

　　小盈：不想上了，学不进去，我想工作挣钱，我妈非要我初三毕业。我姐给我找了个工作，就在她们公司，打电话，挺轻松的，一个月一千多呢。这样我就可以花自己的钱，不用跟我爸妈要，跟他们要可费劲了……大学生没什么了不起，我在电视上看到有的大学生还给人做保姆呢。现在是有技术、有能力、有智慧的人赚大钱！(XY，20100930 访谈)

　　居住不是纯粹地理意义的概念，而是承载着文化和社会属性。农民工居住的边缘化其根源是农民工在工资待遇、社会福利和社会保障上的边缘化，也与存续了几十年之久的城乡二元结构息息相关，这种二元结构本来是由行政力量所形塑，后来则被市场力量进一步推进。边缘化、同质化的社区因为文化的贫困、"弱关系"劣势，无法为农民工子女在学业和职业发展方面提供积极的支持，且在一定程度上削弱了农民工子女向上流动的意愿。

　　总而言之，流动儿童在城市的教育处在一种高度边缘化的状态，他们难以进入较好的公立学校，在异地高考更是一个难题。除了教育的边缘化，居住社区的边缘化也是所有流动儿童不得不面临的处境。农民工劳动力再生产中的"更替"议题，就以这样一种模式被组织起来。农民工与城市居民在教育和居住上的明显分割，导致了流动儿童对学校知识和文凭的放弃。由于受教育年限和文凭在决定人们的社会经济地位上扮演着重要角色，流动儿童在放弃学校教育的同时也就在很大程度上放弃了向上流动的机会，进而落入与父辈相似的境遇之中。

五 面向流动儿童的干预

流动儿童的困境引发了国家和社会层面的诸多干预。由于流动儿童的教育问题最为突出，这些干预行动多集中在教育上。从国家层面来看，国家出台了一系列政策以保障流动儿童在流入地接受义务教育的权利，同时逐步探索打破异地中考和异地高考的制度障碍。从社会层面看，一些社会有识之士创立了公益性的打工子弟学校，力图为流动儿童提供优质教育。此外，还有一些社会组织和社会工作者以支教的形式提供了各种社会支持。

（一）国家干预

1. 关于流动儿童的入学政策

1.1 中央政策：强化地方政府责任、建立经费保障机制

中央政府对流动儿童群体的干预集中在教育政策的制定和推行上。前文曾提到，从 20 世纪 90 年代中期开始到 2003 年，针对"流动儿童哪上学"的问题，国家逐步形成了"以流入地区政府管理为主，以全日制公办中小学为主"的"两为主"政策。但是由于政策的非强制性，加之经费保障等方面的问题，流入地的公办中小学对流动儿童的吸纳有限。

从 2003 年开始，中央政府针对流动儿童的政策逐步加强经费保障机制。2003 年，国务院发布了《关于进一步加强农村教育工作的决定》，除了继续强调"两为主"政策外，首次提出了"进城务工就业农民子女"的概念，将"进城务工就业农民子女"从"流动人口子女"中分离出来，更加强调保

障农民工子女的受教育权利。同年，国务院办公厅转发了教育部等六部委制定的《关于进一步做好进城务工就业农民子女义务教育工作的意见》，对农民工子女义务教育工作做出了比较全面的政策规定，并第一次对政府负担农民工子女义务教育经费的责任做出规定。2003年底，财政部、教育部等五部委联合发布《关于将农民工管理等有关经费纳入财政预算支出范围有关问题的通知》，提出要建立农民工管理和服务工作的经费保障机制，要求地方各级财政部门将农民工治安管理、计划生育、劳动就业和子女就业等有关经费纳入正常的财政预算支出范围，对农民工集中、财政压力大的区、街道和乡镇，上级财政要加大支持力度。

从2008年开始，中央财政对流动儿童接受义务教育问题解决较好的省份给予适当奖励，并开始承担部分财政责任。2008~2014年，中央财政安排进城务工农民工随迁子女奖励性补助资金达371.4亿元，其中2014年达到130.4亿元。

2014年3月，中共中央、国务院印发《国家新型城镇化规划（2014~2020年）》，要求"将农民工随迁子女义务教育纳入各级政府教育发展规划和财政保障范畴，合理规划学校布局，科学核定教师编制，足额拨付教育经费，保障农民工随迁子女以公办学校为主接受义务教育"。这意味着中央政策方向出现了重大转变，解决流动儿童义务教育从"两为主"转向"两纳入"，即将常住人口纳入区域教育发展规划、将随迁子女教育纳入财政保障范围。

1.2 地方政策

各地的流动儿童教育政策存在较大差异。多数省会城市流动人口以本省人口为主，解决流动儿童教育问题相对较容易。

这从一些数据可见一斑。武汉市公办学校接纳农民工子女比例由 2000 年的 30% 提高到 2012 年的 95.1%；宁波市 2012 年流动儿童在公办学校就读的比例将近 80%。2015 年，江苏进城务工人员随迁子女义务教育阶段入学率超过 99%，其中在公办学校就读的比例达到 87%（杨东平，2016）。

由于珠三角地区的多数城市出现流动人口与户籍人口倒挂的现象，珠三角城市主要靠发展民办教育来解决流动儿童教育问题。2010 年，在广州白云区、天河区和海珠区等城乡接合区，义务教育阶段的农民工子女在民办学校就读的约占 75%。近年来，珠三角随迁子女入学的政策主线是实行积分入学政策。同时，政府不断加大财政投入，大力扶持民办学校提升教学质量，并通过学费补贴减轻入读民办学校的学生家长的经济负担，2015 年东莞市在这两方面的经费支出超过 30 亿元（杨东平，2016）。

上海和北京作为经济发达的特大城市，吸引了大量的外来务工人群。两地在解决流动儿童教育问题上的政策差异较大，但是近年来由于特大城市人口调控的需要，政策均开始收紧。

2008 年起，上海市教委启动了进城务工人员随迁子女义务教育三年行动计划（2008～2010 年），通过扩大公办教育资源、新建公办学校、简化入学条件、放宽班额等措施吸纳随迁子女进入公办学校就读，实行全覆盖的免费义务教育政策。与此同时，市教委将社会力量举办的小学全部改造并纳入民办学校管理，称其为"纳民学校"。农民工子弟学校"纳民"之后，全部被纳入上海市教育部门民办教育体系一管理，校舍和基本设施的投入全部由市级财政和区县财政解决，并获得按照一定的生均标准拨付运营经费。2008～2010 年，全市共审批设立

162 所以招收农民工子女为主的民办小学，政府向其购买约 12 万个免费义务教育学位。此外，从 2008 年起，上海市向农民工子女开放中等职业教育，进入中等职业学校的农民工子女均享受本市中职学校学生的资助政策，免学杂费、补助生活费（杨东平，2016）。2010 年开始，中职实际录取人数开始超过招生计划人数，2012 年录取人数达到了 8036 人。从 2012 年开始，上海市教委积极探索实施随迁子女完成中职后继续就读高职的办法，对随迁子女开放了中职贯通招生计划，规模从 29 人逐渐增加到 2016 年的 700 人（刘玉照、王元腾，2016）。

相对宽松的外来人口子女义务教育政策以及办学条件的改善和教育质量的提高，导致上海流动人口子女数的快速增长。从 2013 年开始，随着特大城市人口调控政策的出台，关于流动儿童在沪接受义务教育的政策也发生了转向。2013 年，上海市明确了以"合法稳定就业、合法稳定居住"为基本条件，完善权责对等、梯度赋权的随迁子女公共教育服务制度，流动儿童入学政策逐步收紧。在上海市公办学校和民办学校合法入学的流动儿童开始明显减少。2014 年外来人口中在籍学生 53.86 万人，到 2015 年，减少到 50.06 万人（刘玉照、王元腾，2016）。

北京的情况有所不同。一直到 2000 年前，流动人口子女被严格限制在北京的公立学校就读。这导致大量打工子弟学校的出现。但是政府在较长时期内对打工子弟学校不予以支持，一些办学水平较好的农民工子弟学校也难以合法化。即使获得办学许可的学校，也会遭遇强拆。2001 年，随着国家针对流动儿童教育的"两为主"政策的提出和强化，北京对流动人口子女的就学限制开始松动。北京的公立学校开始向流动人口子女敞开，但实际上义务教育阶段学籍名额仍严格受到北京教委按户籍人口制定的计划的控制。2014 年，在控制特大城市人口规模的要求下，北京市"痛下决心遏制北京人口无序快速增长"，出台"以业控人""以房管人""以证管人""以学控人"等多项举措。2014 年 5 月 1 日，《北京市教育委员会关于 2014 年义务教育阶段入学工作的意见》明确要求义务教育阶段内非京籍适龄儿童，需提交"五证"以及其他"相关材料"，"五证"门槛较 2013 年大幅提高，"五证"的审核权限也由原来的以街道为主，变更为要求各区县建立非本市户籍适龄儿童少年接受义务教育证明证件材料联合审核机制。2015 年，北京市各区县"五证"的要求在 3 - 5 月陆续公布，门槛较 2014 年进一步提高，要求必须在本区就业、连续社保缴纳证明、租房完税证明、限定暂住证起始时间的区县扩展到大多数。2014 年入学门槛升高后，小学阶段入学进城务工人员随迁子女人数比 2013 年下降了 37.28%。2015 年小学阶段入学，非京籍学生招生人数较 2014 年下降了 16.37%（赵晗、魏佳羽，2016）。同时，北京市进一步限制打工子弟学校的招生和办学。2016 年北京市打工子弟小学在校学生比 2014 年减少了约 2.8 万人。一些无法在北京入学，也无法回到老家的非京籍适龄儿童，选择"坐在北京的门槛上"，在北京周边河北省的民办学校就读，形成了一条以三河、廊坊、香河、大厂、衡水等河北市县为主的"环北京教育带"（杨东平，2016）。

2. **异地中考/异地高考政策**

2003 年，合肥市率先对农民工随迁子女异地中考进行了探索。同年，哈尔滨也对此进行了积极的探索。2004 年以后更多的城市开始加入允许农民工随迁子女异地中考的队伍中，并在 2008 年达到一个较为密集的政策出台期。在这一时期，异地中考政策大多由劳动力流入相对较多的省、市出台，以地级市政策为主。

2012 年 8 月，国家层面公布了《关于做好进城务工人员随迁子女接受义务教育后在当地参加升学考试工作意见的通知》，要求各省市于 2012 年底前出台具体的政策方案。根据国家部委的指导意见，在 2012 年底以及 2013 年初，全国各省份和地级市根据自身的情况密集出台了执行方案或过渡期方案。针对随迁子女在流入地参加升学考试的政策开始在全国范围内执行。

根据吴霓的梳理，随迁子女在流入地当地参加中考具体的资格审核条件大多由地级市出台，省级层面以确定宏观的政策方向为主，较少规定具体的执行标准。各省、市教育部门在允许农民工随迁子女参加中考的同时，根据当地的情况大都设定了不同程度的报考条件。例如，部分城市规定，异地中考只面向本省内的农民工随迁子女，跨省农民工随迁子女仍需回户籍地参加中考。另外，大多数城市需要随迁子女提供暂住证、原籍户口、流入地初中学籍证明和父母务工证明等材料。除了上述条件外，一些地区还规定了必须具有一定的就学年限、只能特定人群才能报考等条件。以北京、上海、天津为代表的部分省市只允许将中等职业学校向进城务工人员随迁子女进行开放。一些省市向随迁子女开放部分类型的普通高中名额（吴霓、葛恬，2016）。

尽管各地出台的中考政策在一定程度上解决了部分农民工随迁子女在高中阶段教育的就读问题，但是未能顾及这一群体在高中后的选择与出路方向。即使农民工随迁子女在城市接受了高中教育，他们仍需回到户籍地参加高考。

截至 2012 年底，全国有 30 个省份先后出台了异地高考方案或过渡方案，其中，12 个地区，包括河北、辽宁、吉林、黑龙江、江苏、浙江、安徽、河南、湖北、湖南、重庆、云南，从 2013 年起全面开放异地高考；另外 18 个地区，包括北京、天津、山西、内蒙古、上海、福建、江西、山东、广东、广西、海南、四川、贵州、陕西、甘肃、青海、宁夏、新疆，则从 2014 年开始逐步解决异地高考问题。2015 年，全国异地高考人数达 7 万人。

熊丙奇总结了异地高考政策的几种类型。第一类为以北京为代表的"只开放高职报考"。北京要求考生父母持有效的北京市居住证明，有合法稳定的住所，合法稳定职业已满 6 年，在京连续缴纳社会保险已满 6 年，其子女具有本市学籍且已在京连续就读高中阶段教育 3 年学习年限。第二类为"异地高考与人才居住证、积分入户挂钩"，以上海和天津为代表。如上海规定持上海市居住证且积分达到标准分值人员，子女参加中等学校高中阶段招生考试并具有高中阶段完整学习经历。第三类为"父母居住证 + 合法稳定职业 + 合法稳定住所 + 社保 + 连续学籍"，主要包括广东、贵州、新疆、海南等地。此外还有"父母合法稳定职业 + 合法稳定居所 + 连续三年高中学籍""户籍 + 学籍"等类型。概言之，异地高考需求最为旺盛的地区，如北京、上海等地，异地高考开放程度却较低，门槛较高。一些城市推行的积分落户、积分入学等政策，农民工子女难以企及。

（二）社会干预

1. 公益性打工子弟学校

针对流动儿童的社会干预集中体现在打工子弟学校的创办

上。虽然打工子弟学校与公办学校在师资、教学质量等各方面都不能同日而语，但是无论如何，它们为大量游离在公办学校之外的流动儿童提供了受教育的机会。不仅如此，一些社会精英竭力打造纯公益性的、高质量的打工子弟学校，试图将接受合格教育的权利还给流动儿童。前文提及的蒲公英中学即为其中之一。

蒲公英中学建于 2005 年夏，是北京市第一所专门面向农民工子女创办的初级中学，于 2006 年 1 月获得教育部和民政部门的批准。学校经费以吸纳捐赠为主，财务非常透明，是一所真正意义上的非营利学校。笔者曾对其进行过短期调研。

蒲公英中学的教师素质和教学质量都要好于一般的打工子弟学校。刚建校时教师流动性很大，后来由于学校解决了教师的保险问题，加之教师工资比一般的打工子弟学校要高，教师队伍逐步趋于稳定。大部分教师为外省市刚毕业的大学本科学生，也有少数北京本地的退休教师，这意味着他们的受教育程度较一般打工子弟学校的教师要高，而且他们在蒲公英中学拥有较多培训机会，这使得他们的教学质量相对处在较高水平。调研期间，笔者旁听过七年级的一堂生物课。老师在黑板上写下与血液、血管、血压相关的四道题目，要求学生自己寻找答案。老师说这是他们从某国际学校学到的项目教育法的实践。即给学生一个目标，让他们自己想办法去实现，而不是老师一味地将课本知识灌输给学生。课堂上非常活跃，学生按照小组自由讨论。

学校对纪律的要求和执行都比较严格。不允许学生抽烟、打架、上网吧、谈恋爱，如果一个月打架三次就会被开除。每个人入学的时候有一百分，违纪一次就要被扣分。扣到一定程度就要接受处罚了。笔者曾看到七年级的孩子们"写给爸爸的一封信"。大部分孩子都会讲到进入蒲公英中学后的感受以及蒲公英中学与过去就读的学校的差异。普遍的说法是小学就读的学校很宽松，而蒲公英中学管理严格，有些不大习惯，但是学业进步很大。一个孩子在信中说过去上学"真是爽死了"，不用写作业，不用听课。但是到蒲公英中学以后，这种生活不可能重现了。

除了在运行经费上接受了众多社会力量的资助，蒲公英中学还十分善于吸引众多社会公益组织以及来自社会、高校的志愿者进入学校，直接参与到对学生的教育过程中。但是在吸引众多社会公益力量关注的同时，学校对于社会组织的介入保持着谨慎的态度，力求保证学生拥有高质量的学习环境。这种谨慎的态度很大程度上避免了众多短期、闹剧式的支教活动。蒲公英中学学生的主要课程由本校老师负责讲授，社会志愿者多是通过课外辅导、兴趣班、团体活动、夏令营等方式与学生接触，而这些课余活动恰恰是影响孩子全面发展与人格形成不可忽略的部分。

据校长介绍，90%的蒲公英中学的学生初中毕业后能够继续学业。一些成绩较好的学生回到原籍的公办高中就读。还有一些学生则进入与蒲公英学校建立了合作关系的一些较为优质的高中。有的高中收费很高，蒲公英中学便以奖学金和助学金名义提供学费。家庭贫困但是成绩达到重点高中录取线的学生则可以进入某慈善性质的高级中学。2013年后，蒲公英中学又进一步为学生拓宽了海外留学的渠道。

蒲公英中学办学12年间，总计接纳了逾两千名流动儿童。校长依靠自己的声望和社会资本，秉持着"教育公平和优质教育合一"的理念，为流动儿童向上的社会流动提供了可能性。然而，能够进入蒲公英中学的流动儿童毕竟是少数，通过在蒲公英中学的学习得以摆脱农民工子女一般成长轨迹的学生也为数不多。

2. 社会组织的参与

随着流动儿童数量的逐渐增多和问题的日益凸显，越来越多的社会团体开始介入改善流动儿童处境的工作之中。相关的干预行动大致可以分为两种途径：一种是进入打工子弟学校支教；另一种则扎根于农民工社区，对流动儿童及其家庭进行多个方面的帮扶工作。

支教工作的参与者主要是高校学生。每年均有大批高校学生以各种形式前往农民工子弟学校支教。然而，这些短期的支教并未带来提升教学质量的明显效果。究其原因，一方面与参与支教的学生的经验、素质、动机有关，另一方面则是因为此类支教多为短期行为，支教者很难系统而稳定地承担一门课程的教学。不仅如此，支教大学生短期介入教学工作，甚至会打乱教师的原有安排和部署。支教大学生离开后，有些学校甚至连正常的教学秩序也难以维系（黄旭宏、李阿琳，2013）。

为了克服上述大学生支教的局限，有的支教项目尝试采用网络支教的方式。笔者曾经参与的清华绿光远程支教项目即为其中之一。项目组选定北京的一所打工子弟学校，首先深入调查学生的家庭、学习、心理等各方面的情况，并要求学生进行自我学习诊断，提出自己寻求帮助的课程及动机。之后，通过线上线下结合的方式建立网络社群。线上，建立远程辅导的QQ群，学生与学生、学生与老师之间建立网友关系，互动聊天，并进而助推辅导关系的建立。线下，举办"流动儿童一日清华人"的见面活动并设立"学习进步"奖学金，将学习认真、表现出色的流动儿童接到清华大学，安排与清华师长共度一日，同时鼓励表现突出、学习进步特别大的被辅导学生。对志愿者的招募也采取了网络动员的方式。利用主流的社群网站，如人人网、新浪微博等，通过"绿光支教"的主页不断发布远程支教的动态信息、状态、日志、相册、视频等多种媒体信息，逐渐聚集了以清华大学学生为主的在校大学生志愿者人群（黄旭宏、李阿琳，2013）。

由于网络不受时间与地点的限制，同步远程辅导的持续进行得以保障。这主要体现在两个方面。首先是上课时间的持续。每周2－3次远程上课。其次是上课内容的持续。通常，志愿者会针对一名学生的辅导要求，制定课程计划，计划由多个志愿者接力完成，课程计划的完整性与志愿者之间的衔接，确保了上课的系统性（黄旭宏、李阿琳，2013）。

尽管该项目取得了一定的成效，但是未能持续运行。根据其负责人介绍，原因主要在于：第一，学生的积极性较差，男孩上课时多玩网络游戏，女孩上课则多在手机上聊天，志愿者安排的作业，少有人能够完成。这导致辅导的效果非常受限。第二，虽然项目组通过给打工子弟学校教师发补助的方式，请求教师看管虚拟课堂，但是教师的积极性不高，因为这加增了他们的工作量。第三，志愿者管理难度较大。随着志愿者和纳入辅导的学生人数的逐步增多，对整个过程进行有效管理的要求更显突出。但是项目负责管理的人手很少。一个旨在纠正支教弊端的支教项目的流产，使我们看到以支教这种方式干预流动儿童教育的局限。

扎根于农民工社区的流动儿童帮扶工作主要是由一些社工组织进行。虽然不同的社工组织所做的工作多有差别，但是活动类型基本相似：一是为流动儿童提供学习及娱乐的公共空间，丰富课余生活，增强学习积极性，提升流动儿童的自我价值；二是增强流动儿童的权益保护意识和安全意识，减少儿童安全隐患问题；三是通过家访、个案跟进、亲子活动等，转变家长固有的教育理念，增进孩子与父母之间的互动，改善亲子关系（王海洋、刘伟清、胡倩，2018）。

如笔者关注的广州的一个社会组织，秉持着"打造外来流动人口落脚社区"的理念，针对外来流动人口开展了多种类型的服务。与农民工子女直接相关的活动或项目包括："子女多元课堂"，内容包括儿童语言应用能力、音乐素养、思维锻炼等素质的培养；"成长汇"儿童抗逆力提升小组活动，透过儿童参与式体验，帮助孩子们提高应对挫折的能力；"火炉山社区四点半课堂"，由附近高校的大学生志愿者们协同社工人员为流动儿童辅导作业；职业认知体验工作坊，通过带领社区亲子家庭参与职业体验，引导孩子形成对职业的认知和理解；困难家庭走访，为外来工子女提供学习文具、学习桌椅、室内光线调节等居住及学习环境改善服务。

不可否认，这些社工组织为农民工子女提供的服务具有非常积极的意义。然而，由于人力、财力有限，这些扎根于社区的社工组织，往往很难持续地为农民工子女提供各类服务。另外，就从根本上改善农民工子女的境遇而言，这些服务的作用也是很有限的。

第五章　留守儿童：劳动力更替的外部化

相对于流动儿童，农村留守儿童的人数更为庞大。根据蔡禾在 2006 年对珠江三角洲九个地级城市的农民工问卷调查数据，0～6 岁的学龄前孩子 67.7% 被留在老家，7～16 岁的义务教育学龄的孩子，77.2% 被留在老家。"收入太低、负担不起"（66.5%）、"工作太忙、没法照顾孩子"（45.8%）以及"工作不稳定，没法接出来"（28.1%）是农民工将子女留在家乡的主要原因（蔡禾、刘林平、万向东等，2009）。可见，农村留守儿童和流动儿童事实上是一个问题的两面，正是流动儿童在城市的诸般遭遇导致了许多农民工将孩子留守家乡。

相对于流动儿童，农村留守儿童的状况在某些方面看起来更好一些：他们处在公立教育体系之内，父母外出务工的收入甚至使他们能够比同龄的非留守儿童享受更好的生活条件和更多的教育资源。但是，与父母一方或双方的长期分离却在心理、学业、性格养成、人身安全等许多方面给他们带去了不利影响。[①] 与流动儿童一样，农村留守儿童也往往早早地踏上务

---

① 对留守幼童和女童来说，情况尤为严峻，一些孩子的基本人身安全都难以得到保障。

工之路，再生产了其父辈的社会经济地位。这种人生境遇，表面看来是个体的自主选择，实际上却同样深受社会结构的影响。

一　农村留守儿童概况：规模与问题

虽然随着 20 世纪 80 年代农民工向城市流动，留守儿童就已经产生了，但是留守儿童引发社会的普遍关注却是在 2002 年之后。其时，《光明日报》一篇题为《农村"留守儿童"教育问题亟待解决》的报道指出："按照保守的估计，因父母双方或一方外出打工而形成的由母亲一人抚养的'单亲家庭'、由祖父母或亲戚代为抚养的孩子，在各地农村不会少于千万。这支规模庞大的'留守儿童'队伍中的很多孩子，因为家庭生活和教育的缺陷，无法享受同龄孩子的'花季''雨季'，生理和心理的成长都面临着问题。"2004 年春，《人民日报》《光明日报》《中国青年报》等多家国家级主流媒体大规模地报道了留守儿童在学业、生活及性格等方面面临的困难和问题。2004 年 5 月 31 日，教育部基础教育司专门召开"中国农村留守儿童问题研究会"，留守儿童问题正式进入政府工作日程，此次研究会也成为留守儿童问题的报道、研究和干预"升温"的重要推力。"在此之后，农村留守儿童研究数量迅猛增长，研究的问题范围从在校教育发展到家庭教育和其他社会教育，从学习问题到心理、行为、安全、监护类型，以及留守儿童的群体特征和人口特征等等；媒体的文章更是犹如井喷"（谭深，2011）。

关于农村留守儿童基本状况，以段成荣为首的研究团队进行了多次调研。段成荣使用 2000 年的第五次人口普查的数据，对全国留守儿童的规模、结构、分布、受教育状况等基本信息进行了描述。他在文章中指出，全国留守儿童规模已经达到2290 万人，农村留守儿童所占比例高达 86.5%；留守儿童高度集中地分布在四川、广东、江西、安徽、湖南、海南等省；在重庆、江西、四川等省市，留守儿童在当地全部儿童中所占比例高达 20% 左右；半数以上的留守儿童不能和父母生活在一起；留守儿童的小学阶段在校率很高，进入初中阶段以后，留守儿童的在校率急剧下降（段成荣、周福林，2005）。

根据 2005 年全国 1% 人口抽样调查的抽样数据，段成荣推算出 2005 年全国留守儿童规模达到 7326 万人，其中，农村留守儿童规模达到 5861 万人。相比于 2000 年，农村留守儿童数量增长了 3418 万人，增长了 140%。从地域分布来看，四川的农村留守儿童数量最多，规模达 792.6 万人，占全国农村留守儿童的 13.52%。安徽和河南的农村留守儿童规模也分别达到570.82 万人和 480.38 万人。四川、安徽、河南、广东、湖南和江西 6 个省的农村留守儿童在全国农村留守儿童总量中所占比例超过半数，达到 52%。6～14 岁的农村留守儿童在校比例为 96%，但是 15～17 周岁的大龄农村留守儿童中，未按规定接受义务教育者所占比例提高到 6.45%，在校接受教育者所占比例大幅度下降到 79.86%。在 15 周岁农村留守儿童中，正在接受高中教育者所占比例只有 6.6%。双亲都外出的农村留守儿童超过半数，大部分隔代照料的祖父母并非"年迈体弱"，但受教育程度很低（段成荣、杨舸，2008）。

在 2013 年的文章中，段成荣、吕利丹等根据第六次人口普查数据，推算出 2010 年，全国 0～17 岁的留守儿童有

6972.75 万人，其中农村留守儿童规模达 6102.55 万人。农村留守儿童的年龄结构与之前的五年相比，学龄前儿童规模快速扩大、义务教育阶段儿童规模逐渐收缩、大龄儿童规模明显减少；在地域分布上，农村留守儿童高度集中在川、豫、皖、粤、湘等劳务输出大省，此五个省份留守儿童在全国留守儿童总量中所占比例达到 43.64%。广东、江苏等经济发达省份也有相当比例的农村留守儿童存在。大龄农村留守儿童接受义务教育的情况最差，未按规定接受义务教育的比例高达 4.83%；农村留守儿童中高达 46.74% 的人父母都外出（段成荣、吕利丹、王宗萍，2013）。

除了规模和地域分布等基本状况，留守儿童的心理问题和教育问题是研究者最为关注的两方面。在早期关于心理问题的研究中，留守儿童往往作为"问题"儿童出现：他们自卑、孤僻、冷漠、任性、暴躁、抑郁，而这些问题均被归咎于父母的外出（王东宇，2002）。后来的细分研究对上述论断进行了修正。如，范方等人区分了父母双方外出和只有一方外出的情况，指出父母均不在身边更容易导致孩子的不良人格（范方、桑标，2005）。王东宇对于双亲外出的留守儿童做了进一步的细分，发现与父母分离时间越长，留守儿童的心理健康水平越低，各种心理问题越突出；与兄弟姐妹生活在一起的留守儿童，其心理健康状况明显好于没有与兄弟姐妹生活在一起的留守儿童（王东宇、王丽芬，2005）。概言之，父母的外出虽然可能使儿童出现一些不良情绪，但不一定导致儿童的心理问题。留守儿童心理问题的出现和程度与留守模式、父母离开时儿童的年龄、与父母分离的时间等因素有关（谭深，2011）。

关于留守儿童的教育状况，早期研究一致认为"留守儿童厌学、学习成绩差"，近几年的研究则聚焦于留守儿童与非留守儿童在就学机会和学业成就上是否存在显著差异。一些研究者发现，农村留守儿童与非留守儿童在学习兴趣和对自身学习成绩的认识上没有显著差异（中央教育科学研究所课题组，2004）；留守儿童的入学机会好于非留守儿童（段成荣、杨舸，2008；郭琳、车士义，2011）；不同的留守模式对留守儿童学习成绩影响不同。段成荣从教育机会和教育结果两方面对留守儿童的教育状况进行了更为深入的分析，他认为，父母外出流动带来了一组对抗力：通过外出打工获得更多经济收益，促进对子女的教育投入，这对教育机会和教育结果均有积极影响；但是父母角色的缺失对子女的心理、学习动机、健康有负面影响，这对教育机会和教育结果带来消极影响。父母外出打工带来的这组对抗力，在留守儿童的家庭特征和地区经济发展水平的作用下，才能对教育机会和学习成绩产生影响（段成荣、吕利丹、王宗萍，2013）。

总体而言，关于农村留守儿童的研究日益深化和具体，早期在研究方法上的缺陷逐渐得到纠正。特别是比较研究方法的使用，使研究结果更趋近实际情况。通过不同留守模式、不同地域的留守儿童在同一指标上的比较，以及留守儿童和非留守儿童的比较，研究者们致力于揭示留守儿童这一群体的实际特征，并寻求对差异性做出更为合理的解释。虽然对于农村留守儿童的研究不断深入，但是笔者发现，与流动儿童类似，农村留守儿童对于知识的认知和态度，他们在义务教育阶段之后的流向，过往的研究缺乏充分的关注。这正是本章要完成的主要任务。

二 走近农村留守儿童

在 2011 年 1 月和 4 月，笔者在安徽省 H 县，进行了有关农村留守儿童的调查。H 县位于安徽省中东部，介于巢湖、合肥、南京、芜湖、马鞍山五市之间。全县面积 1047 平方公里，现辖 8 个镇 91 个村。建筑材料生产、机械制造、酿造、陶瓷和农副产品加工是其支柱性产业。截至 2009 年年底，全县共有各级各类学校 187 所，包括：5 所完全中学、2 所职业中学、19 所初级中学、125 所小学、1 所教师进修学校、1 所特殊教育学校和 11 所幼儿园。

H 县总人口为 45 万人，其中农业人口 35 万人，农村劳动力 20 万人，常年在外务工经商人员约 14.6 万人。根据县劳动和社会保障局于 2010 年 9 月开展的进村入户劳动力资源调查数据，全县的农村劳动力资源状况如下：（1）性别分布。在 20 万农村劳动力中，男性劳动力占 54.56%，女性劳动力占 45.44%。（2）年龄结构分布。16~25 岁的劳动力占总劳动力人数的 18.74%；26~40 岁劳动力占总数的 36.56%；41~50 岁的将近 30%，50 岁以上的占 14.73%。（3）受教育程度。大专及以上文化程度的占 2.29%；高中文化程度的占 9.71%，初中程度的占 52.8%；小学及以下文化程度的占 34.57%。可见农村劳动力的总体受教育程度很低。（4）产业结构分布。从事第一产业的占总数的 28%；从事第二产业的占 18%；从事第三产业的占 44%。①

---

① H 县劳动与社会保障局的"关于农村劳动力资源的调查报告"。

据统计，H 县农村劳动力共转移 136157 人，占总数的 66.82% 。其中县内转移占转移总数的 25% ，县外转移占总数的 75% 。转移劳动力的输出流向为：在京津塘地区务工的占输出总人数的 29% ；在江浙沪地区务工的占 45% ；在广州深圳务工的占 3% ；在其他地区务工的总计占到 23% 。因为大多数农村劳动力受教育程度低、技能单一，所以他们外出务工主要从事的是技能要求低、劳动强度大的建筑建材、餐饮服务等行业的工作。[①] 因为农村劳动力外出务工的主要途径是亲戚邻里相互帮带，所以就业区域相对集中，同一个地区所从事的行业也基本相同。

一位行政村的党支部书记介绍了 H 县外出务工的人在不同地域的分布和从事的工作。

> 在北京的主要是做早点（工），在马鞍山主要做瓦（工）；在上海的，女的多做钟点工，男的做门卫；在常熟、常州的做缝纫（工），去昆明的主要是卖豆腐，有一个村子将近半个村的人都去那边做豆腐……每个地方有每个地方的特点，都是你带我，我带你，干同一行。（W 书记，20110418 访谈）

因为大量农村劳动力外出务工，所以形成了数量众多的留守儿童。根据县妇联的调查，H 县的农村留守儿童呈现出以下几个特点：一是留守儿童占农村义务教育阶段学生总数的比例偏高。全县 0 ~ 17 岁儿童总数约为 8.8 万人，其中留守儿童为

---

① H 县劳动与社会保障局"关于农村劳动力资源的调查报告"。

4.5 万人，超过一半以上。越是经济相对落后的偏远山区，农村留守儿童所占的比例越高。二是农村留守儿童中父母双方外出的比例偏高。父亲一方外出的占 32%，母亲一方外出的占8%，父母双方外出的占 60%。①

笔者走访了 H 县的两所行政村小学，一所县城的小学，两所乡镇初级中学，一所职业学校以及一所县城的完全中学。这些学校均有相当数量的留守儿童在其中就学（留守儿童占学校学生总数比例最高的达到 70%，最低的达到 18%），它们共同构建了一个教育历程的连续谱系，从中可以看到留守儿童各种可能的教育历程和职业走向。笔者访谈了学校的校长、部分教师和学生，以及一些已经毕业或者辍学之后进入职场中的留守儿童和非留守儿童。重点访谈的留守儿童包括 3 名小学生、10名初中学生，1 名就读于职业高中的学生和两名高中学生。其中 5 位女生、11 位男生。

下面是各学校的一些基本情况。

行政村小学总体看来极为凋敝。很多小学已经倒闭。笔者所走访的 G 小学共六个年级，只有 91 个学生，留守儿童占 3/5。学校坐落在非常偏僻的地方，周边颇为荒凉，少有人家。Z 小学则有些特别。虽然也属于行政村小学，Z 小学却有 450 名学生。因为附近的几个乡镇外出务工的人非常多，所以学校的留守儿童比例很大，占到学生总数的 70% 以上。校长从 2007 年开始针对留守儿童的教育问题展开了一系列调研，并且推行了一些有力举措，产生了较大影响，相关报道甚至上了《人民日报》的头版头条。现在这所学校成了 H 县留守儿童的示范学

---

① H 县妇联的"关于留守儿童的报告"。

校。学校的教学楼墙上和报刊栏里多处张贴着领导视察、记者采访的照片和报道，以表明学校引起的高度关注。

然而绝大多数的行政村小学都像 G 小学一样岌岌可危。村小学的凋敝和衰落，使得大部分处于小学阶段的留守儿童只能就读于乡镇的小学。因为学校一般不提供住宿，所以那些住得较远的孩子每天必须走较长的路程。但是这些学校的教学条件比行政村小学要好。如果家里经济状况较好，而且家长对孩子教育很重视，那么孩子很可能被送到县城里的小学就读。县城共有三所小学，第一小学只接收城镇户口的学生，第二小学则接收了较多农村户口的学生，这所学校 2010 年留守儿童占到 35%，前几年这个比例更高。第三小学本来是行政村小学，由于所在之地大力开发房地产，居民多起来，政府出资扩建学校，使之成为 H 县城的第三小学。从 2009 年开始，第三小学取代第二小学成为县城内主要接收农村户口学生的小学。

无论是行政村小学还是乡镇小学，学生毕业后大多数都进入乡镇的中学，也有小部分考入县城的中学。县城第二小学的学生多进入县城的第二中学或第一中学（这是县城的两所完全中学），但是也有一些人因为成绩不好，流入乡镇的初级中学。H 县二中有初中生 1300 人，其中留守儿童 237 人，占 18%。二中的学生初中毕业之后，约一半的人进入一中和二中继续读高中，也有一些进入乡镇中学就读或者不再上学。在县城的学校读书的农村留守儿童多由爷爷奶奶在县城租房陪读。

笔者重点关注了两所乡镇中学，J 初级中学和 B 初级中学。J 初级中学现有学生 370 人。据负责老师介绍，父母双方都出去打工的学生占 30%，至少有一方出去打工的学生占到 70% ~ 80%。B 中学建校已经有 51 年的历史，从升学率上来看，属于 H 县前五名的学校。现有教师 58 人，学生 800 多人，其中留守儿童占到半数以上。

谈到学校里的留守儿童，不同学校的不同老师看法颇有些差异。不过总体来看，从学校管理者到普通教师都认为留守儿童确实存在比较严重的问题，包括"自闭""自我""行为习惯差""卫生习惯差""娇气、懒惰""仇视社会"等等。至于学习态度和成绩，老师们认为留守儿童虽然与非留守儿童在学习成绩上并无显著差异，但无论是学习积极性还是成绩，前者都要更差一些。

第四章提到，根据在北京打工子弟学校的田野调查，笔者认为在流动儿童中间存在着一种全面而整体性地抗拒知识、在学业上自我放弃的现象。但是从我对 H 县留守儿童的观察以及学校老师介绍的情况来看，留守儿童并不存在一种总体性的"反学校文化"。他们整体上的学习情况要好于流动儿童（至少要好于我所观察到的流动儿童）。在留守儿童中，不仅存在部分非常优秀的学生，而且整体的学习氛围、成绩、对知识的掌握程度都要比流动儿童好，学生对于将来的方向也不像流动儿童那样普遍非常迷茫。究其原因，可以归于以下几个方面：

第一，学校的教学质量更好。前文提到，一直到现在为止，公办学校对流动儿童的吸纳是有限的，北京、上海这样的特大城市尤其如此。公办中学尤其是那些高质量的中学基本上还没有向流动儿童敞开大门。因此仍有相当数量的流动儿童就读于设施简陋、管理混乱、教学质量低下的打工子弟学校。

比起流动儿童就读的打工子弟学校以及部分公办学校，农村的乡镇学校具有明显的优势。从笔者所走访的 H 县的乡镇学校来看，学校校内设施和师资力量都要好于打工子弟学校。教师一般都有教师资格证，有的教师具有丰富的教学经验，深受学生爱戴。公办学校当然也不像营利性质的打工子弟学校，存在商业运作的弊端。不仅如此，相当一部分留守儿童已经进入县城的学校就读，这些学校各方面的条件比起乡镇和村落的学校好出许多。因此，留守儿童就读的学校条件要远远好于流动儿童。

第二，环境更稳定。流动儿童面临的是一个高度不稳定的环境。由于父母的工作、家庭居住地经常变动，他们不得不随之变换学校。即使他们相对稳定，打工子弟学校却是不稳定的。这些学校因为不能取得合法的办学手续，不被政府承认，在早期常有被取缔关闭的危险，后来虽然政府的限制有所松动，但是在校舍用地等方面很可能遭遇官司，而且因为没有合法地位，在诉讼中常常处于不利地位。学校的老师也是一个高度不稳定的群体，他们一旦有合适的机会就会离开。相形之下，留守儿童所在的环境则比较稳定。父母在外的漂移和动荡，除非遭遇经济上的极大艰难，很少能够被他们感知。无论是居住地还是学校和老师，都是比较稳定的。即使在 G 学校这样一个非常凋敝的行政村小学，老师的流动性也非常之低。尽管老师们在教育系统中向上流动的机会很少，但是大部分人不愿转离这份职业。虽然工资微薄，但是作为"体制内"的人，他们拥有将来的保障，何况随着资历的增长，待遇也会随之增加。这些因素成为将乡村教师"稳定"下来的力量。稳定的环境显然更有助于学生取得更好的学业成就。

第三，农村社区对学历的追求和承认对学生辍学打工构成一种抵制力量。虽然在外出务工者盖起的排场的楼房面前，收入微薄的老师显得颇为寒酸，然而尊师重教的传统依然存在且比较强烈。如果一个村庄考上了几个大学生，这些榜样的力量往往会激励许多家长督促孩子"奋发向上"。学历不仅意味着荣耀，同时也代表着在彼此的竞争中取胜，这是乡土社会的文化中一个十分重要的元素。一位留守儿童的父亲认为，环境对孩子的影响非常大。

> 我们那块儿出了二十多个大学生，还有出国留学的，这种环境对孩子的影响不小。见面经常说，谁家孩子考上了，有一种竞争。（G 老师，20100605 访谈）

在乡镇和县城的学校，仍旧存在着较为浓郁的求学之风。在 J 中学，一个十几年前从这里初中毕业的学生后来考上了北京大学，这成为整个学校的骄傲。十几年来，他的故事一直被老师年复一年地在学生中间讲述。县城的学校学习的氛围更加浓郁。学校不断地渗透求知和考学的重要性。一位高三学生告诉笔者：

> 老师天天灌输考大学，不辜负父母的期望，考大学的好处什么的。（LB，20110119 访谈）

第四，流动儿童在流入地就读高中和高考的限制，以及转回老家上学的一系列困难，使他们对初中以后的继续教育和考大学都有些心灰意冷，这夺去了他们努力学习的动力。但是留守儿童不存在高考的制度障碍，因此他们拥有一个较为清晰的而且可以期待的学习目标。

三　知识认同与学业早弃

如果把流动儿童作为一个整体来进行观照的话，那么对于留守儿童我们必须特别留意其内部的分化。一部分留守儿童学习努力，成绩差强人意，看起来也颇为"阳光"；另一些则不大"上进"，喜欢玩游戏、看小说。少数人在常常在街头抽烟喝酒、打架滋事、狂喊乱嚷，成为人们眼中的"小混混"。虽然留守儿童中各方面都很优秀者不乏其人，但是最让老师们头疼、最难管理的往往也都是留守儿童。B 中学政教处主任说学校里经常滋事的学生肯定多数都是留守儿童，B 中学 2010 年的打架斗殴事件，90% 都是留守儿童所为。

虽然存在这些分化，但与流动儿童一样，留守儿童普遍对知识持肯定的态度，即使是"最难管"的孩子也是如此。他们都认为"多学有好处"，"念总比不念好"。而念书的好处主要体现在"更容易找工作"，以及"工作比较轻松些"。对于初中毕业就工作的现象，很多孩子并不赞同，他们认为"中学毕业只能给人打工"，而所谓"打工"在他们的观念中就是像父母们那样干体力活。虽然大学生就业难的现状使一些人对考大学的意义感到疑惑，不过大多数孩子（尤其是成绩比较好的学生）还是倾向于认为大学生因为知识多，所以就业前景肯定要比只有中学学历的人好得多。

B 中学八年级的小玲和小芝，是两个成绩优异而且很有想法的女孩，当问到怎么看"考大学"的时候，她们的反应如下。

小玲：我在电视上看的，大学生毕业以后在超市卖猪肉，现在好多大学生找不到工作。但我还是觉得应该上大学。毕竟大学生机会多一些，他们虽然暂时卖猪肉，但肯定能找到别的好一些的工作。

小芝：上大学的话，知识要多些，自己的修养也会提高。（WL、HLZ，20110104 访谈）

除了方便找工作以及更有机会从事"轻松的""坐办公室的"工作，大学带来的另一个好处就是"脸上有光"。

让父母脸上有光，自己脸上也有光，找工作的话，比较舒服一点，坐办公室那种；打工的话就只能干那些粗活、累活。（LB，20110109 访谈）

J 初级中学九年级的小雨表达了她心里的矛盾，虽然她自己并不把大学看得很重，但是为了父母的面子，自己必须努力。

并不是考大学才有出路。我感觉我好像是在为父母考大学似的，为他们赢一种面子，就是平常说的荣宗耀祖吧。对我自己来说，考上考不上无所谓。听人说，考上大学有时候还不如没考上的。文凭高一点，生活还是那样子。你还是要找工作，好像给你一种身份，其实还不是跟别人一样，有的大学生还做清洁工呢！（GYQ，20110107 访谈）

不过，她后来说，她的一些同学初中没毕业就出去打工了，这些同学经常跟她说"后悔出去打工，打工好辛苦"。

他们对将来的工作和生活的期待也与流动儿童非常相近。他们都不想干父母那样的工作，想过不太累、快乐、体面的生活。致力于考大学的学生把大学视为摆脱父辈境遇的有效途径，毕业后就打算外出打工的学生也不愿走父母的老路，而希望"干技术性的工作"。小腾是 B 中学九年级的学生，他的父母在北京搞装修。他说毕业后想自己出去闯荡，不愿跟父母一起干，"太辛苦了，都是苦力活，我爸指挥人干，他自己也得干，有时候还要赶工期，不能休息"。他似乎很想摆脱自己作为农村人的身份，说父亲虽然不少挣钱但"毕竟还是农村的"。

小波说并不想挣很多钱，想"一家人快快乐乐的，过一种比较悠闲和轻松的生活……不想成为那种上班族，一天到晚加班……不想吃苦"。小芝则说自己"向往那种白领的生活，早晨拎着包，开自己的车去上班，工作不太累，家庭幸福，有时间带父母去玩"。学习成绩好的学生对自己将来想从事的职业比较明确，有的人想做生意，有的想当建筑师，有的想当记者，有的想开食品店。成绩差的相对迷茫一些，一般都说"走一步算一步"，但是无论何种情况，轻松、舒适、悠闲是他们的一致追求。

对知识价值的肯定（更多的是实用价值）以及对舒适生活的向往，促使很多留守儿童把读高中考大学作为自己的目标。然而实际上，他们中间的大多数人也不得不经历和流动儿童类似的自弃的过程，在初中毕业之后就步入劳动力市场或者进入中等职业技术学校。笔者所调查的学校对于留守儿童初中毕业之后的走向未能提供确切的数据，但是老师们均认为毕业就打工或者上职校的学生中间，留守儿童占据的比例很大。在 J 中学，2010 年初中毕业后就开始打工的学生占到 41%，其中多数是留守儿童。在 H 县，能够进入高中尤其是较好的高级中学（比如 H 县一中）的留守儿童为数甚少。一些研究者也有类似的发现，比如吕绍青指出，留守儿童中考入高中的比例很低。在她的调查中，270 位被调查的留守儿童中，54% 的学生认为自己"考不上高中"或者"说不好"。调研的一所学校在 2004 年共有243 个学生参加了毕业考试，其中 76 人参加了升高中的考试，只有 4 人被录取，4 个人中没有一个是留守儿童（吕绍青，2007）。

这些孩子辍学或初中毕业后的去向，主要有三类。

第一，本地务工。留在本地的孩子主要从事烹饪、理发，在服装店或者超市做营业员，也有一些在工业园区生产服装或者玩具。①

第二，到外省市务工。虽然 H 县并不缺乏工作机会，但是大部分年轻人并不甘心留在本地。除了本地的工资水平比较低，可选择的机会少，他们选择外出务工的更主要的原因是对外面世界的向往。按照县劳动局局长的说法：

_____

① H 县多年来一直在谋求建立经济强县。为此，县政府和相关部门竭力扶植一批企业以拉动本地的经济并推动劳动人口的就业。县政府筹划投资建立了工业园区，为那些能够带动就业的劳动密集型企业提供各种优惠政策，比如三年内免交各项行政事业性收费，减半缴纳场地费等等。政府也为企业用工问题费了不少功夫，在 2011 年 2～4 月，劳动和社会保障局在全县主持举办了十几场招聘会，提供了近 6000 个工作岗位。此外，政府还对农村人口务工提供一定的培训支持：划定一些定点培训机构，凡持本县农业户口证明的人在这些培训机构培训取得毕业证书之后，就可以到劳动局领取一定的培训费用补贴，具体额度依据培训专业的不同而有所差别，比如电脑文字录入补贴 200 元、缝纫 400元、驾驶 800 元。

现在年轻人哪怕在外面收入很少，也都想出去，而不愿留在家乡，因为想到大城市见见世面，而且经济发达地区机会多。（W 局长，20110426 访谈）

然而，相对于本地务工的孩子，到外省市闯荡的孩子面临的挑战更大。外面的世界并不精彩，他们只能集中在次级劳动力市场从事着简单体力工作。由于没有社会关系网络的支持，他们在城市的生活也颇为艰难。

第三，"闲着"。在家赋闲的孩子不在少数。他们"闲着"主要不是因为懒惰，而是因为迷茫。这种状态当然并不快活，所以待一阵之后，他们也会加入务工大军的行列。

四　为何读书不再被视为出路？

如何理解留守儿童学校教育提前终结的现象？本书认为，农民工劳动力更替的外部化，即农民工在城市务工，子女抚育却被放置于乡村，是一个重要原因。城乡二元结构下，城乡教育资源配置的失衡使得农村学生越来越失去在学业上的竞争力。村庄共同体的衰落使得社区无法给予农村学生在价值观和精神生活上的浸润。拆分型的家庭模式造成的情感缺失和管教缺位进一步造成了学生在学业上的失败并进而导致他们的自暴自弃。前两个因素作用于所有农村儿童，拆分型家庭模式则为留守儿童所独有。

（一）城乡教育资源配置失衡

面对农村青少年越来越普遍的"辍学"现象，一些研究者从"读书无用论"的角度进行解释。事实上，如前所述，对农村村民而言，无论是父母还是孩子，都是认定读书的价值的。笔者在访谈中深切地感受到村民对考大学，尤其是考上好大学的向往。在父母的心目中，孩子的第一要务是好好念书，这是天经地义的。只有在看到孩子学习成绩不好、考学无望的时候，他们才会做出放弃读书这条出路的理性选择。接受访谈的很多孩子都说当他们成绩不好之后，父母便不在学习上对他们有所要求。一些为了孩子放弃外出务工的机会而留在家乡的父母，当看到孩子在学业上没有指望之后，纷纷开始外出打工。

为何许多农村孩子"考学无望"？这当然不仅仅是个体性的原因，而是与城乡社会结构下教育资源配置失衡有关。在 20 世纪 80 年代，郭书田、刘纯彬等人借助"二元经济"的说法，提出了"中国城乡二元结构"这一概念。所谓二元，其中的一元是由市民组成的城市社会，另一元是由农民构成的农村社会。二元社会结构以二元户籍制度为核心，包括二元就业制度、二元福利保障制度、二元教育制度和二元公共事业投入制度。就教育来看，城市和农村拥有的教育资源处在极度不平衡的状态。

文军、顾楚丹比较了 2003 年和 2013 年的教育统计数据，发现尽管国家通过对教育资源分配的调控给予乡村更多的倾斜和扶持，使得城乡基础教育资源的差距得以缩小，但是在师资队伍、基础设施、经费投入等方面，乡村与城市的差距仍然较大。例如，在学前教育方面，乡村学前教育的学生数与专任教师的比例严重失调。2003 年，城市学前教育"生师比"为 16.45，乡村为 61.73；2013 年，城市学前教育"生师比"为 16.42，乡村仍高达 40.22。与 2003 年相比，2013 年城乡基础教育的生均校舍资产都在增加，教师学历结构也趋于优化，但是城乡差距仍然明显。十年来国家对义务教育的公共财政预算教育事业费支出有近 10 倍的增长，乡村的投入增长甚至要高于城市，但是城市的教育经费总体还是要高于乡村①（文军、顾楚丹，2017）。

前文提到的 G 小学属于行政村小学。笔者调研期间，发现该校从校长到老师都有抱怨之声。原因有三个方面。

其一，教育资源分配的不平衡导致学校的师资力量非常薄弱，全校七个班级，但是只有六名教师，教师的教学和管理负担都很重。

> 一个教师要教好几门课，从早到晚不能歇着，根本没有时间和精力备课。（教导主任，20110413 访谈）

---

① 随着国家撤点并校政策的不断推进，许多村落学校趋于消失，加之因为外出务工经济收入水平提升，农民工日益倾向于将孩子送到城镇学校就读，因此越来越多的农村孩子从小学开始便进入城镇一级的学校就学。但是进入城镇学校就读的农村留守儿童，也仍然面临教育资源不均的问题。近些年来，随着教育资源的日益向上集中，不仅城市和乡村的差距仍然存在并且在某些方面表现明显，而且边缘城区与中心城区、不同级别的城市之间的教育资源和教育质量差距也非常之大。根据中国教育追踪调查（CEPS）2013~2014 年基线数据：2013~2014 年度初中生均年度财政拨款，农村学校只有 795 元，边缘城区的学校只有 600 元，中心城区的学校则有 1317 元。所谓"撤点并校"，指的是自 20 世纪 90 年代末已经存在、2001 年正式开始的一场对全国农村中小学重新布局的"教育改革"。具体说来，就是大量撤销农村原有的中小学，使学生集中到小部分城镇学校。从 1997 年到 2010 年的 14 年间，全国减少小学 371470 所，其中农村小学减少 302099 所，占全国小学总减少量的 81.3%。吕利丹认为，国家撤点并校政策的出台主要有两个因素：一是 20 世纪 80 年代以来生育率降低，导致从 90 年代开始农村小学适龄人口数持续下降；二是随着城镇化步伐的加速，相当一部分农村儿童随父母迁移到城镇就读，农村小学的生源呈持续下降趋势（参见吕利丹，《留守儿童的困境观察》，《社会治理》2016 年第 6 期）。

其二，从上到下的"层层截流"导致学校的办公经费严重缺乏。虽然国家按照每个学生 360 元的标准向学校提供办公经费，但是到达 G 小学的时候只剩 310 元，另外 50 元被中心学校"截流"作为中心学校的办公经费。学校按照"上面的要求"订了四份报纸，订报纸的钱被"上面"扣掉了，报纸却送不到学校老师的手上。

其三，教师的工资和福利都很低，这大大地挫伤了他们的积极性。

> 教师节给我们什么都没发，城里学校老师补课的收入可能都要比他们的工资高，我们这里只有死工资。青年教师成家都成问题。（Z 老师，20110413 访谈）

教师们没有培训机会，教学质量很难提高。他们向上的流动也很受限制。虽然有时候城里的学校或者中心学校招聘教师，但是这种难得的机会往往会被一些"有关系"的人占为己有。

在这种结构性劣势下，农村孩子要想在学业上有所成就，家庭的作用更显重要。实际情况却是，且不论外出务工使得很多父母常年与孩子分离而难以履行教化之责，即便是那些结构上完整的家庭，父母因为经济资本、文化资本以及教育观念的限制，能够为孩子提供的教育支持也极为有限。

读书无望使得尽早投入工作以赚钱成为理性的选择。加之周边总有一些受教育年限很短却"腰包鼓鼓"的人，很多孩子越来越对上学失去兴趣。

> 我们这里，好些没有读大学的，都是有头有脸的人。所以很多人就想，不念书不也一样吃饭嘛。我干教师这么多年，现在也就三千多点，相当于一天一百块钱。他们作瓦工，只要愿干，一天就一百多。好多企业老板都是没文化的……（G 老师，20110416 访谈）

> 有些小混混很能聚集财产，有的小孩就跟他父母讲，不念书怎样？像 XXX 一样不很好吗？这些人花钱厉害，快活得不得了。这对学生的刺激很大。（T 老师，20110425 访谈）

（二）衰落的村庄共同体

与对流动儿童的分析一样，对于留守儿童学业自弃现象的理解，在家庭环境和学校教育之外，还需要纳入对社区环境的分析。随着经济的发展，城镇化的加速，乡村的社会结构、价值观以及人们的生活方式都发生了巨大的变化，这对包括留守儿童在内的所有农村儿童和青少年都带来了不可估量的影响。

随着大量农村精壮人口外出务工，乡村成为以妇女、儿童和老人为主体的地方。严海蓉指出，农村剩余劳动力转移的过程带来了农村的虚空化，"农村虚空化的过程使农业生产没落了，使农村生活萧条了，使农村的脊梁给抽掉了。这个过程夺走了农村从经济到文化到意识形态上的所有价值"。谭深基于2006 年的"12 村贫困调查"结果指出，农民的流动和农村市场化的结果导致了农村社会日渐凋敝。一方面，村里主要的人力资源外出，彼此联系变得松散；另一方面，即使生活在村里，人们之间的联系也比过去要少。

根据笔者对 H 县农村地区的观察，如今农村的社会结构和生活方式的确出现了急剧的转变。青壮劳动力的外出，征地，拆迁，导致大片土地撂荒，乡村不再有昔日的活力。据当地的一位老人介绍，村里曾经有过非常丰富的文化生活。有一句民俗概括了新中国成立后一段时期内当地农村的热闹景象——"正月过年，二月耍钱，三月唱戏，四月做田"。但如今文化生活变得非常单调，整月唱戏的情形已经不存在了，偶尔有市里的戏班子在县城边缘地带搭台唱几场，而那些看戏者则多半是借着看戏的名义在戏台下面赌博。在 H 县，赌博之风非常浓厚，据说此风几百年来盛行于江淮之间，但是达到如此风靡的程度还是近 20 年才有的事。无论是在村民家里，还是在县城的商铺外面，时时可见人们聚集在一起打麻将。即使是在饭店吃饭，人们在等候上菜的空闲时间也不忘"打上几圈"。前几年，县政府为了建工业园区，从村民手中征购了土地。村民们得到一笔补偿款，并且集中居住在回迁房小区。许多人开始靠着补偿款过日子，除了整天围在一起打麻将以外几乎没有什么其他活动。

农村社会的日渐凋敝和文化生活虚空化，加之电子产品的流行，使得孩子们也不再像过去那样嬉戏在田间陇头，而是宅在家里看电视、玩电子游戏。青春期的孩子则更容易转向网络等虚拟的交流方式以及与同龄群体的过度交往，以寻找乐趣和心灵的满足。

（三）拆分型家庭模式

在 20 世纪 80 年代，随着男性农民单身外出，逐渐形成

"留守妇女"和"单留守儿童"这两个群体。到 90 年代初，农民夫妻双方外出务工的趋势开始出现。如果说在这个流动的过程中，留守妇女呈现数量递减的趋势，那么留守儿童的数量尤其是父母双方外出的"双留守儿童"却在不断增加。父母流动导致的"拆分型家庭模式"对留守儿童造成了强烈的冲击。

家庭环境与孩子的发育成长密切相关。神经科学和脑科学的发现都表明，婴儿的大脑要得到健全的发育，需要成年人耐心和细致的关照。如果孩子在幼年时缺乏来自父母的关爱，他们同成年人之间亲密互动的频度就会降低，由此造成的大脑发育欠缺在日后很难弥补（帕特南，2017）。

在教育学和社会学中，家庭往往被赋予特别重要的意义。家庭为教育之始基。斯宾塞曾说到，父母是孩子最好的老师。罗素说，"儿童的品性在 6 岁入学以前，已经大部分完成了"。20 世纪上半叶的一些教育学家也对家庭教育的重要作用进行了论述。雷通群指出，家庭在教育上之所以重要，一是因为"人生在家之时期最长，所受之刺激最多，而感化力亦最大"；二是因为"家庭各分子间，主观的感情最浓厚，一方的刺激必受他方的反应，所以易养成习惯及性格"；三是因为"家庭中有强制的反应作用，即父兄常用严格手段矫正子弟之行为，此为他团体所不及之点"（雷通群，2008：47）。吴俊生和王西征认为，家庭教育有学校教育不能相比的优势，因为第一，孩子对父母"有真挚的情感"，所以孩子往往会对父母"发生深固的信仰"，但对老师则未必如此；第二，学校是人为环境，家庭是现实的自然环境。"在人为环境中获得的知识，不易保持，但对于现实的自然的环境中获得的教育，因其真实，就不期然地坚固的保持着"；第三，父母对子女最了解，所以在教育实施上有极大的便利（吴俊升、王西征，2008：103）。

良好的家庭教育对于培养孩子的道德观念、宗教情感、卫生观念、语言能力以及观察自然及人事的能力功不可没（雷通群，2008：47）。然而对孩子施于怎样的教育却又是与人们的阶级地位紧密相关的。不同阶级的家庭在孩子的教育方式上差异极大，这也在很大程度上导致了孩子将来的不同道路。英国社会学家和语言学家伯恩斯坦区分了两种类型的家庭：工人阶级的地位中心家庭（positional family）和中产阶级的个人中心家庭（person-oriented family）。地位中心家庭强调权威、忠诚和服从，人格中心家庭则相反，较少命令而更多恳求和协商、更多选择。两种类型的家庭传递了两种不同的语言代码：封闭型代码和精致型代码。由于中产阶级传递给孩子的代码与学校所采用的代码和社会主流的代码一致，他们的孩子更容易在学业上取得成功，从而在社会地位上取得优势（张人杰，2008）。安妮特·拉鲁在《不平等的童年》一书中指出，中产阶级倾向于采纳协作培养的方式，而工人阶级和贫困家庭则多采用让孩子自然成长的模式。协作培养虽然使得中产阶级的孩子们漏失了很多自由和闲暇的时光，却使他们学到了将来对他们进入工薪世界大有好处的宝贵技能，使他们在教育及其他公共机构中获得了明显的优势地位（安妮特·拉鲁，2010）。

中国的农民工家庭多少凸显了上述理论中所阐述的地位中心家庭模式和自然成长的教育模式。与中产阶级和上层阶级的孩子相比，家庭教育对农民工子女来说即便不是残缺，在很多方面也是非常消极的。如教育学家所言，低社会经济地位家庭的父母由于缺少余暇时间和教育能力，往往难以很好地担负教养子女的责任（雷通群，2008：47）。而对留守儿童来说，与父母的长时间的分离，使得本来就存在的家庭教育的劣势被加剧了。虽然那些在父母身边的孩子（如流动儿童）常因为与父母无法沟通而有负面情绪，但是毕竟他们还拥有一个形式上相对完整的家庭，留守儿童则不得不经受与让父母分离的心灵伤痛。

虽然留守儿童不等同于问题儿童，也不能笼统地认为留守儿童比非留守儿童表现更差，但是毫无疑问，拆分型家庭结构对孩子的发育成长产生了极为深远的影响。有研究者发现，在农村留守3个月的儿童仅仅只在自尊和情绪控制维度上与普通儿童有显著性差异，而留守半年的儿童则在诸多方面与普通儿童存在着显著差异。随着留守时间的增加，留守儿童在各方面的表现有进一步下滑的趋势。另有测试发现，5年是一个拐点，留守时间5年以上儿童的心理失衡得分显著高于留守时间为1～2年、3～4年的儿童，而后两者之间无显著性差异。全国妇联2008年的研究报告将农村留守儿童分为幼儿（0～5周岁）、义务教育阶段儿童（6～14周岁）和大龄儿童（15～17周岁）三个亚群体，清晰地梳理了这三个年龄段的儿童各自生活的境况和面临的问题。留守幼儿面临的突出问题是得不到足够时间的母乳喂养，缺少父母亲情呵护和亲子交流，接受正规学前教育的机会少，在家庭教育上的不足得不到正规学前教育补偿；义务教育阶段农村留守儿童面临的突出问题是安全和青春期教育缺乏；大龄留守儿童面临的突出问题是父母流动对学业完成具有负面影响（谭深，2011）。

我在调研中也深刻地感受到家庭结构对孩子成长的影响远比我曾以为的更深刻。

如果孩子从很小的时候就与父母分离，那么他们在情感上是有着极大的缺失的。他们很容易感到孤独，甚至对父母有所怨恨。而长大之后，如果这种情感未得到满足，他们与父母之间就更难沟通，彼此的隔阂就会很大，如同"生活在两个世界"。这使得他们面临一种危险：从游戏或者小说中来寻找安慰、心灵的释放和情感上的满足。小飞就是一个典型的例子。

小飞初中时就读于 J 中学，毕业之后去了 H 县三中，这是一所职业技术学校。村里人跟我说起他时，基本上都拿他当"小混混"看待。在他三岁的时候，父母就去了上海打工。他曾在上海的公办学校读了一年，但是因为农村户口很受歧视，所以二年级的时候就回到了 H 县，跟着奶奶一起生活（爷爷早已过世）。父母一年之中回家乡一两次，他说自己"习惯了没有父母"。他从初三开始迷恋上网，并且"和社会上的人一起玩"。

> 当时在很多事情上失败了，特别绝望，身边没有一个人，心里特别孤单。……我性格比较内向，不喜欢跟人沟通，有什么话都放在心里。……晚上八点到早上八点（玩游戏），白天睡觉，晚上接着玩……很孤单，在游戏中找到——像《天龙八部》（注：一个游戏的名字），讲一个家族的——温暖，在游戏中也得到释放。游戏里以暴力解决事情很常见，像《穿越火线》，枪械类的，感到释放，在学校里被老师说，在家里被家长训，只有在游戏里得到释放。（LF，20110108 访谈）

与父母的分离，除了情感上的缺失，另一个严重的问题就是管教和监护的缺乏。虽然父母的约束往往让孩子们厌烦，但是长时间缺少父母的管教，如果再加上对学习丧失信心等其他因素，孩子们很容易就沉迷于游戏、小说或者参与不适当的社会交往，青春期的男孩子尤其如此。

B 中学九年级的小鲁，六岁时父亲就在北京、太原等地包工程搞装修。他七年级的时候，妈妈也离开了家乡，去北京给爸爸洗衣做饭，同时给手下干活的工人做饭。他有两个姐姐，大姐九年级下学期辍学后，进到北京的一家饭店做服务员，二姐九年级复读了一年，但是没有考上高中，至于他自己：

> 小学的时候学习还行，初一下学期有点坏，逃课，喝酒，整天在学校捣蛋，初二上学期就不想念了。去了北京，办了一张地铁卡，整天慢慢坐，有时候也去河北我爸包工程的地方玩，下学期又回来念书，舍不得朋友。……小学的时候我爸经常打电话，让我好好念书，初中一开始还管，后来（因为我）慢慢变坏了，他就不想说了，只要不是小痞子就行了。……一个年轻人在成长的过程中，如果没有管教就荒废了，因为心理、行动都不成熟，我父母有时候就后悔没有管教好我。（ZL，20110425 访谈）

调查中发现，那些父母有一方在家的孩子，沉迷于不良嗜好的概率相对要小一些。小可现就读于 H 县第一中学高中二年级。他三年级的时候爸爸去北京打工，为他姨夫开车送货，妈妈则一直留在家里照顾他。

> 我家家教严。有一次我和大哥去网吧玩，我妈就讲我。她认为网吧是坏地方。我就不怎么去了……我大哥

（姑姑的孩子）考上了师范学院。他高三的时候上网，我大姑知道他在哪里上网，就去把他逮到家里来。他能考上（大学）也是因为家教严。（LC，20110108 访谈）

也有父母为了孩子的学业放弃了在外地的工作机会，小波就是一个例子。小波是小飞的堂兄弟，现在 H 县第一中学读高三。他六年级的时候，父母从外地回来，此后就没再出去打工。父母对他管得比较严，他初三时候才少量接触网络游戏。高一时就读的第一中学离家较远，所以他住进了爷爷家。那时候因为上网比较频繁，成绩下降许多。于是他的父母在学校附近租了房子，一家三口住在那里，母亲专门负责给他做饭。

留守儿童父母双方外出的比例明显高于单方外出的比例，在叶敬忠（2008）的调查中，72.3% 的留守儿童父母双方都在外务工。在一些老师看来，如果孩子的父母都出去打工，这本身就意味着他们对孩子的教育不够重视（否则母亲会留下来陪孩子上学）。但是一些家庭确实迫不得已。有的家庭经济困窘，夫妻双双在外打工往往是必需的。夫妻双方外出还有一种情况是出于工作本身的需要，比如那些贩卖水果、蔬菜、水产的农民工，夫妻的合作通常是必不可少的。

无论如何，如果父母双双在外，孩子受到外界诱惑而沉溺其中的可能性就比较大。尽管父母也可以通过电话来加以控制，但是毕竟鞭长莫及，这种管教方式的作用非常有限。少数父母对孩子成长中可能遭遇的问题比较警觉，及时采取有力的措施加以补救，从而使得孩子悬崖勒马。下面这位父亲就是一例。他在北京打工，儿子一直留在老家上学。

啥坏事都干，赌钱，玩游戏，硬是让我给扳回来了。我在这边打工嘛，回去一看，成这个样子了，还跟他奶奶吵架呢，我把他抽了一顿，把电视机从二楼窗户扔下去砸了，那时候没电脑，就在电视上玩游戏嘛。一星期给他二十块钱，一顿饭三块，多一分都不给，我说我就不信治不了你。没有钱我看你怎么玩。后来就规矩了。（WGJ，20100605 访谈）

学者们一般将留守儿童的监护类型分为四类：单亲监护、亲戚监护、祖辈监护和自我监护，其中祖辈监护的比重最大（叶敬忠、潘璐，2008）。在 H 县，祖辈监护，尤其是爷爷奶奶监护的情况最为普遍。爷爷奶奶带孙辈孩子，是当地的一个文化传统。只有在万不得已的情况下，孩子才会被交给外公外婆。但是正如许多研究所反映的，祖辈监护存在很多问题，如隔代溺爱，只能给予孩子基本照顾、无力教养等。在调查中笔者发现，很多留守老人心里孤苦、身体病弱，他们不仅自己得不到儿女的照顾，而且要一边担当农活，一边照顾孩子（且往往不是一个孩子），非常疲累。他们对孙辈的照管和教养自然也极其有限。

五　面向农村留守儿童的干预

与流动儿童的情形一样，留守儿童的问题也引发了国家和社会的诸多干预。如果说对流动儿童的干预集中在教育上的话，那么由于留守儿童与父母分离被认为对他们的消极影响最大，相关的干预集中在提供关爱和情感支持上。

（一）国家干预

国家对农村留守儿童的关注和干预以 2004 年教育部基础教育司委托中央教科所开展"中国农村留守儿童问题的研究"为起始点。2006 年国务院出台了《关于解决农民工问题的若干意见》，其中提到"输出地政府要解决好农民工托留在农村子女的教育问题"，这意味着留守儿童问题被纳入重要政策议程。同年 5 月，教育部《关于教育系统贯彻落实〈国务院关于解决农民工问题的若干意见〉的实施意见》提出建立农村"留守儿童"教育和监护体系。同年 7 月，全国妇联《关于大力开展关爱农村留守儿童行动的意见》提出加强农村教育、建设家长学校等举措。同年 10 月，由国务院农民工工作联席会议办公室、全国妇联等 12 个部门共同组成农村留守儿童专题工作组，提出建立农村留守儿童工作长效机制的任务目标。2010 年，《国家中长期教育改革和发展规划纲要（2010～2020 年）》提出建立健全政府主导、社会共同参与的农村留守儿童关爱和服务体系。2011 年，《中国儿童发展纲要（2011～2020 年）》颁布，提出健全农村留守儿童服务机制，加强对留守儿童心理、情感和行为的指导，提高留守儿童家长的监护意识和责任。2012 年《国务院关于深入推进义务教育均衡发展的意见》提出把关爱留守学生工作纳入社会管理创新体系之中，构建学校、家庭和社会各界广泛参与的关爱网络，创新关爱模式（程志超、张涛，2016）。

从 2013 年开始，留守儿童工作连续 3 年被列入落实《政府工作报告》的重要内容。2016 年，国务院首次针对农村留守儿童发布了《关于加强农村留守儿童关爱保护工作的意见》，明确提出两大工作任务：一是从家庭、基层政府、学校、群团组织、社会力量等五个方面完善农村留守儿童关爱服务体系；二是建立强制报告、应急处置、评估帮扶、监护干预的农村留守儿童救助保护机制。同年，针对留守儿童问题，民政部担任召集方、27 个部门组成了部际联席会议，首次开展全面的留守儿童摸底排查。地方政府也相继出台了各种支持政策（杨舸，2016）。

与各种关于农村留守儿童保护和关爱政策相伴而生的是各部委各省市开展的关爱行动。2007 年由全国妇联等 13 部门启动"共享蓝天"全国关爱农村留守流动儿童大行动。2010 年，共青团中央、中国青年志愿者协会启动了"共青团关爱农民工子女志愿服务行动"。2011 年，全国妇联等 4 部门发布《关于开展全国农村留守流动儿童关爱服务体系试点工作的通知》。中国青少年发展基金会的"希望工程"开启了面向留守儿童以及流动儿童的"希望社区"，中国儿童少年基金会的"春蕾计划"发起"关爱留守儿童特别行动"，中国红十字基金会实施"鲁冰花"关爱留守儿童公益计划（程志超、张涛，2016）。安徽省在 2010 年实施了 33 项民生工程，其中之一便是在全省农村地区建立 2 万个农村留守儿童之家。湖北省探索建立了"2 + X"模式，依托基层党组织和党员干部、志愿者建立农村留守儿童"阳光家园"（杨舸，2016）。

上述各种政策和行动，对于改善农村留守儿童的境遇起到了一定的积极作用。但是存在的问题也比较明显。杨舸研究了江苏省 2011 ~ 2015 年留守儿童相关政策和政府主导的社会支持项目，指出政府在留守儿童信息采集、贫困登记与救助、安全保护与安全教育、校外实践与家长活动等方面做了大量工作，但是也才存在不少问题：政策落实程度不足，政策可持续性不强；财政支持不足，地方政府可利用资源有限；部门间职能分割严重，资源整合不足；社会工作队伍建设薄弱，基层工作者的专业化程度较低（杨舸，2016）。吴帆选取了 2000～2016 年国家层面主要涉及留守儿童社会政策作为研究样本，指出政府在政策制定过程中越来越强调多元主体的共同责任，体现了留守儿童社会治理方式创新。但是针对留守儿童的社会政策整体上缺乏相应的政策监测评估机制，一半以上的政策存在监测评估缺位的现象；虽然有 20% 的政策具有政策监测评估，但其操作化程度较差，监测评估条款形同虚设（吴帆、王琳，2016）。潘璐（2016）对当前针对农村留守儿童的关爱实践进行了实地观察，指出在当前政府部门推动的农村留守儿童关爱保护工作瞄准留守儿童个体，"精准帮扶"和"精准关爱"是关爱实践的突出特点。然而，在贫困救助、结对帮扶、活动覆盖等一系列精准关爱活动展开的同时，也带来了一系列的问题，首当其冲的就是对留守儿童的符号化和标签化引起的二次伤害，其次则是"关爱"面临流于形式的困境。在基层工作部门的关爱实践中，留守儿童的识别结果和帮扶关系要公示上墙，志愿者与留守儿童及其父母监护人的谈心和通话记录要定期上交，留守儿童使用亲情电话或心理咨询等服务的过程要登记记录，类似这样的形式化做法在农村社区和学校极为普遍。

除了各种关爱政策和行动，对于农村留守儿童的问题，国家的另一个举措就是推动农民工返乡就业。国务院在 2015 年 6 月印发了《关于支持农民工等人员返乡创业的意见》，号召农民工返乡创业，促进乡镇和农村地区的新型工业化和农业现代化的发展。2016 年国务院《关于加强留守儿童关爱保护工作的意见》提出了"从源头上逐步减少儿童留守现象"的措施来解决留守儿童所面临的困境，除了为农民工家庭提供更多帮扶支持，帮助流动人口携带未成年子女一起流动之外，积极引导农民工返乡创业，实现家庭团聚。但是事实上，即便有各项政策拉动，返乡创业和返乡就业的农民工比例还是很小。根据2015 年国家卫生和计划生育委员会流动人口监测项目对四川、安徽、广东、江苏、河北、河南、浙江、吉林、辽宁和黑龙江等十省农村流出地 15～59 岁劳动力的调查，既有的返乡劳动力绝大多数属于临时性返乡劳动力，而非返乡稳定就业居住。在他们家庭内部问题得以解决或外地有更好工作机会的情况下，再次外出的可能性较大。根据流动人口对未来居住地的打算也可以推测短期内大规模的返乡并不会发生：以 2015 年国家卫计委流动人口监测调查项目流入地调查为例，从近 20 万流动人口未来的居住安排来看，超过一半（57%）的人明确表示打算在本地长期居住；近三分之一（30%）的人表示不确定，实际上这部分不确定的人中仍有相当一部分会在流入地长期居住；仅有 12.8% 的人明确表示不打算在流入地长期居住（吕利丹，2016）。在北京，即使政府近几年来采取各种措施严控流动人口，流动人口离京的比例也十分有限，离京意愿并不强烈。中国政法大学课题组（2017）2016 年对北京四个流动人口较多的典型区的问卷调查显示，"以业控人"和"以房管人"政策在疏解流动人口方面效果有限，仅有两到三成直接从业流动人口受"以业控人"政策影响拟离京，廉价出租房需求旺盛并且难受管控，尽管租住政策严格到位，仍近七成流动人口选择继续留居。

（二）社会干预

针对农村留守儿童的社会干预，主要有两种方式，一是国家在推动关爱留守儿童的工作进程中，强调发动社会组织的力量，发挥社会工作专业人才的作用。2017 年 8 月，民政部、教育部等五部门联合出台《关于在农村留守儿童关爱保护中发挥社会工作专业人才作用的指导意见》，提出社会工作专业人才在农村留守儿童关爱保护中的主要任务是协助做好救助保护工作、配合开展家庭教育指导、积极开展社会关爱服务；该意见还提出以留守儿童关爱保护为重点，加大农村地区社会工作专业人才培养使用力度，具体包括加强社会工作专业人才培养、积极培育发展社会工作服务机构、推进乡镇（街道）社会工作服务站点建设以及加强相关单位社会工作专业人才配备使用。因为国家的推动，在参与针对留守儿童的各种工作和活动中，社会机构逐渐增多，运营和管理模式渐趋成熟，志愿者队伍规模逐渐壮大，专业水平不断提升，在课业辅导、心理疏导、安全培训等领域发挥了其他机构无法替代的作用。政府购买社会工作的模式也逐渐开展起来。

除了政府层面的发动，一些公益组织对留守儿童的帮扶工作进行了主动的探索。如专注于留守儿童心理陪伴领域的专业社会组织"蓝信封"，通过情感陪伴的干预手法，依托书信陪伴、夏令营、家长学堂三个主体项目，试图帮助留守儿童健康快乐地成长。自 2008 年起到 2018 年，蓝信封在十年期间累计为来自 16 省市的 205 所乡村学校提供了服务，项目开展地区主要是河南、湖南、四川等留守儿童大省。书信陪伴项目是蓝信封的品牌项目，项目组织方联合全国高校的大学生，累计给留守儿童写出 10 万封信件，通过对儿童的心理疏导，成功阻止多起辍学、自杀等儿童问题行为的发生。三年的项目评估结果显示，通信显著提升了孩子的亲社会行为和支持利用度，即孩子们学会了分享，更愿意关心别人的感受；在遇到困难时会主动对外求助，避免了很多极端行为，提高了孩子的适应水平和社会支持。[①]

　　毫无疑问，国家和社会各界对农村留守儿童的各种关爱政策和行动是值得肯定的。然而，农村留守儿童的问题不仅仅是简单的"儿童的问题"，而是与家庭模式紧密相关。家庭模式则又与农民工在城市的生存状态和市场处境有关。因此，要从根本上解决农村留守儿童问题，为他们提供关爱和情感支持是不够的，而应为农民工在城市的家庭生活和家庭发展提供支持（任远，2015）。从这个意义上说，解决农村留守儿童的问题，其关键恰恰在于解决流动儿童的问题。

---

　　① 资料来自億方公益沙龙第十六期，主题为《留守儿童心理项目的一线探索》。

第六章　中等职业教育与农二代的社会流动

　　除了闲荡、务工、升入普通高中之外，进入职业技术学校接受职业教育①是流动儿童和留守儿童在初中毕业后的又一选择。与普通的高级中学不同，许多职业技术学校（尤其是私立职业学校）对农民工子女是完全敞开的。一般来说，这类学校既不对学生的入学成绩有要求，也没有户籍限制。只要愿意花钱，想入学的都可以入学。在杨东平、王旗 2009 年对北京打工子弟的调查中，10%～20% 的受访者初中毕业后进入了中等职业学校（杨东平、王旗，2009）。在 H 县的 BS 中学，1/4 的学生初中毕业之后进入职业高中继续就读；在北京的 HX 打工子弟学校，这一比例则达到 50% 以上。近些年来，国家大力提倡发展职业教育，出台了一系列支持政策，北京等一线城市职业学校招生的户籍限制也逐步放开；此外，社会上还出现了一些公益性职业技术学校。这些因素使得职业教育对农民工子女的吸引力逐步增强，越来越多的农民工子女进入职业技术学校

---

①　职业教育（vocational education）是指使受教育者具备从事某种职业或者职业发展所需要的职业道德、科学文化与专业知识、技术技能等综合素质而实施的教育活动。职业教育包括职业学校教育和职业培训。职业学校教育是学历性的教育，分为中等、高等职业学校教育。本文中所说的职业教育指的是职业学校教育。

学习。

　　作为农民工子女社会化过程中的重要一环，作为连接义务教育和劳动力市场的一个过渡阶段，中等职业教育对于他们的影响举足轻重。但是到目前为止，对职业教育的深入的社会学研究却不多。虽然有研究机构进行了全国范围的职业教育的调查，但也只是限于一些基本情况的描述，而缺乏对职校学生的近距离考察。职校生活如何影响农民工子女对工作的体验和认知？以培育技能为导向的职业教育能否成为促成农二代向上流动的有效渠道？或者也只是扮演着社会阶层再生产的角色？其中的机制何在？这是本章试图探讨的问题。

　　本章的资料来源于多种渠道：在安徽省 H 县，我走访了该县的一所职业高中，对其中的老师和学生进行了访谈；从 2011 年开始，我追踪调查了一些在北京的流动儿童，他们从打工子弟学校毕业后进入北京的一所职业高中，现在均已毕业并工作了一段时间；我也曾对北京一所具有社会公益性质的职业技术学校进行过短期调研；还有一些资料来自笔者的学生对其从小的玩伴和同学的访谈，他们曾就读于家乡湖南省某县的一所中等职业技术学校，现在均已开始工作。

　　除此之外，笔者于 2014 年对重庆和南京的两所中等职业学校进行了问卷调查。之所以选择这两所学校，主要是因为调研的便利。这两所学校在文中分别以 A 校（重庆）和 B 校（南京）指代。① 在 A 校共发放问卷 280 份，回收问卷 272 份，

---

　　① 本章涉及的职业学校名称、所在地点和学校性质如下：A，重庆某私立职业技术学校；B，南京某公办职业技术学校；C，北京某公办职业高中；D，北京某民办公益性职业学校；E，安徽 H 县公办职业高中；F，湖南 S 县某私立职业技术学校。

样本选取方式为在教学楼每一层随意抽取一个班，该班的所有学生即为样本。在 B 校的调查采用了按照专业抽取班级，再从班级抽取学生的抽样方式，共发放问卷 250 份，回收问卷 241 份。除问卷调查外，笔者对两所学校的教导主任、任课教师以及一些学生进行了访谈。

A 校属于私立中等职业学校，建立于 2002 年，目前有 4000 余名学生，被评选为国家就业型职业院校示范单位。学校位于重庆某电子工业园区，微电子、计算机技术为其特色专业。南京的 B 校属于公办性质的省四星级职业学校，建校于 1956 年，目前在校学生约有 3150 人，主要开设商贸、财会、旅游、烹饪和计算机等专业。

根据问卷调查数据，两校农业户口的学生占59%，非农业户口学生占38%。A 校学生多来自四川、重庆和贵州，农业户口学生占77.6%。B 校学生多来自江苏和安徽，农业户口占36.5%，据 B 校的一位老师介绍，该校40%多的学生来自南京市的中下层家庭，另有40%多来自江苏的一些村镇，这与问卷调查的数据基本相符。笔者将农业户口的学生称之为"农二代"，他们绝大部分都有流动或留守的经历。①

一　学技术与混日子

在问卷调查中，当问到进入职业学校的原因时，60%的人选择了"没有考上普通高中"，59.7%的人选择了"想学一门技

---

① 在下文的分析中，所有的数据如无特别说明，均是指样本中户籍类型为农业户籍的学生。

术"，勾选"觉得上大学无用""父母家人的意愿"和"受周围朋友同学的影响"这几个选项的比例分别为10%、13.4%和23%。初中阶段学习成绩好而在毕业后进入职校的学生寥寥无几，他们或者是因为家庭非常贫困，或者是因为作为打工子弟，无法在父母务工城市读高中而又难以回老家就读才选择进入职校。多数被访者说自己到初中阶段就"不想学""学不下去了"。有的勉强考上了高中，却不想去读，他们对学习完全失去了兴趣，认为即使"混完"高中三年，也不会有什么好结果。这时如果有职校的老师来学校招生，或者身边的朋友选择上职校，他们就很可能做出同样的选择，虽然他们并不了解职校的具体情况，但大多数人还是认为那应该是个学技术的地方。近六成的人选择了"想学一门技术"，这说明虽然进入职校多少是一种被动的选择，但是很多人还是期待通过职业学校的教育学得一门技术。

> 我读完初二，跟着阿威他们去四通（注：当地县城的一所职业技术学校）了，当时其实也不知道到底会怎样。反正成绩也不太好，觉得也不会有什么好的出路，可能上完初中，顶多'混完'高中还是要自己出去打工，倒不如先学门技术再出去。我们那一批去了好多人。（ZSH，20141012访谈）

> 我初中的时候比较顽皮，成绩不是很好，所以没考上高中。当时我就面临这样一个选择，要么去读中职，要么去读县里面的（普通）高中，（上普通高中）交更高的学费（注：主要指择校费），当时就觉得还是读职高吧，因为这样至少学了一门技术……所以就来这儿了。（XZ，20141015访谈）

虽然父母们无不希望孩子上高中考大学，但是面对孩子糟糕的学习状况，他们也没什么好办法，退而求其次，能进职业学校学习一门技术也不失为一种出路。尽管一些父母对职校并不看好，但是把孩子送入职校还是比直接开始打工要好，因为孩子年龄尚小，到社会上打拼不大放心，在学校里终究有个约束，即便学不到什么东西也至少能"混个文凭"。此外国家对于职校学生所提供的补助和优惠条件对于经济上并不宽裕的家庭而言无疑是一个相对不错的选择。

进入学校之后，学生们学习技术的初衷并未改变。问卷中，当学生被问到最关心的事，选择"学好技术，以后找份好工作"的占49%；其次为"搞人际关系"（19.4%），"吃喝玩乐享受生活"的占5.8%。可见，无论是入学前还是入学后，"学技术"都是学生们心中强烈的愿望。但是实际上，潜心学习技术的不过是极少数人，大部分学生在学习上并不用心，他们更多的时间花在玩手机、睡觉、聚餐闲逛等事情上。较之于一般的私立职业学校，公办学校有更多的资源，学校的管理更为严格和规范，学习氛围相对较好。即便如此，学生"不学习""混日子"仍然是这些学校学生的普遍状况。安徽 E 校的小飞，选择了自己喜欢的汽车修理专业，但是"能逃的课都逃了"，上课的时间或者在操场上打篮球或者在宿舍打牌，放学后则常常跟同学一起去网吧上网或者到街上喝酒。

那些私立职业学校情况就更不乐观了。曾在湖南的 F 校就读的小军回忆：

> 学校就在汽车站旁边，外面稀乱，里面的学生又都不读书。……学不到什么东西。（LJ，20141015 访谈）

在重庆 A 校，学生如此描述自己的生活，"睡觉，唱歌，打牌，一天都在耍"。课堂一般是通过睡觉或玩手机打发过去。一位班主任老师面对学生的这种状况感到非常无奈。

> 我对他们说，不能睡觉，不能耍手机，这是对老师最起码的尊重。……其他班都不行，特别是（20）12 级，因为他们要出去实习了，都不听，整天就在耍手机。包括我去别的班上课也一样，学生都是耍手机，睡觉。（A 校某班主任，20141010 访谈）

二 轻技术重规训的学校教育及其制度逻辑

"混日子"成为中等职业学校学生日常生活的常态，似乎在情理之中。他们中间大多数人属于普通教育的"失败者"，学业基础非常薄弱，学习习惯也未能养成，即便有强烈的学好技术的愿望，却往往因为学不懂而产生严重的挫败感。

> 我看着电脑挺好，就报了个计算机编程，结果就没及过格。每天要背那些程序语言。你知道的，我英语又不好，那些单词又不认识，只能一个字母、一个字母地记。看都看不懂，别说背了，我懒得背了，算了。当初没想到是学这些东西，根本不是我想的电脑编程嘛！我以为像电视一样把一集、一集的组成一部整的电视剧就行了。（LJ，20141015 访谈）

然而，学生在学业上的失败不能简单地归咎于学生，学校的教育方式和教育理念、企业用工制度乃至整个社会的经济结构和发展逻辑是更为根本的因素。

（一）轻技术重规训的职业教育方式

当下的中等职业教育存在诸多问题。因为资金投入不足，学校的实验、实训设备缺乏，学生缺少实践操作的机会；一些学校挂着职业学校的牌子，实际上却与普通中学无异；课程内容陈旧，专业教学与职业岗位工作过程相去甚远；师资力量薄弱，或者懂教学无技术，或者有技术却不懂教学（中国社会科学院国情调研课题组，2007；郑也夫，2013）。在调研的各个学校，这些问题都很突出。不少学生抱怨没有实操的机会，所以技术很难长进，老师的教学能力和教学水平普遍较差。在北京 C 校就读的小创学习平面设计，他说老师"英语单词都不会读，就念字母"。A 校的一位老师评价该校"很多老师都水得很，都是非专业的来教专业课"。南京 B 校一位老师甚至嘲弄她的一些同事整天"混吃等死，糊弄课"。

一般的中等职业教育学制为三年，前两年学生在学校学习各种课程，第三年进入企业实习。也有学校在假期组织学生实习。实习常常带给学生们强烈的失望和沮丧：或者实习与专业完全不对口，所谓的实习不过是走走形式；或者学生们发现所学非所用，实习中根本用不到什么技术，而且劳动强度很大，而这却很可能就是他们毕业后工作的常态。A 校的小伟，本来是轨道专业，实习的时候却去了电子厂，每天工作 12 小时，基本工资 1150 元/月，靠加班才能挣到两三千。湖南 E 校的小军在职校第一年结束后就被带到工厂实习了。

　　去了那一次，以后的假期我再也不去了！去的时候，老师说得很好很好，说是每个月有多少工资，吃得又好，工作还不累。结果，每天在流水线上一站就是十几个小时，这还是小事。主要是条件特别差，你站在那儿一直有东西咬你。一个暑假回来，脚上都没一块好肉了！关键是最后还没给多少钱，全被老师自己拿去了。我们每个人，两个月啊，就拿了几百块钱。那个地方，打死我都不去了。……老师当初说是让我们早些去企业看看，去学习。结果屁都不是，那些流水线的零件是个人就会做，和专业没半点关系。（LJ，20141015 访谈）

　　相对于教学，学校更为重视规训。中等职业技术学校一般都有比较严格的规训工程。这主要体现在半军事化的管理体制和德育课上。职业学校通常实施封闭式管理，学生一周中不得外出。重庆 A 校一些老师是转业军人，使用军队的管理方式管理学生驾轻就熟。此外学校还要进行 20 天的军训，以此来培养学生服从规范和命令。在南京 B 校，学生迟到、旷课都会受到相应的处罚，而且因为学校直接把学生的纪律状况和班主任的绩效挂钩，所以班主任对学生的管制非常严格。在公益性质的 D 校，规训也相当严格和全面，学生的着装、发式都有相应的要求。

　　除此之外，学校一般都会开设德育课。德育课的目的，主要是为了规制学生的行为，养成好的行为习惯。按照 A 校老师所认为的，"因为学生从农村来，文明用语很欠缺，粗话脏话随便出口，不会与人沟通，而且动不动就打架，所以非常有必要通过德育课程对他们的观念和行为进行纠正"。这不仅仅是为了维持学校的秩序，也是为了日后的工作做好准备，因为毕竟便于管理的工人更受企业青睐。

因此，虽然这些学生希望学习技术，却学不到技术。他们已经清楚地看到从职校毕业之后，自己所面临的是怎样苍白的未来。谈到对将来的打算，不少学生都有些沉默，或者说走一步算一步。对未来感到迷茫是这些学生最大的苦恼（比例高达64％）。B校的教务主任感慨道："我经常跟我们班同学说，你要知道自己想要什么，但是他们完全不知道自己想要什么。"

（二）学校、企业与政府——中观层面的分析

什么原因导致了这样一种职业教育形态？历史上，职业教育曾经一度被认为是一种地位获得教育。新中国成立之后，为了适应经济建设的需要，国家有意推动职业教育，设立了中等专业学校，取得中专学历的学生可以获得干部身份，农村学生可获得城市户口。"文革"期间中等专业学校受到压制，1978年重新恢复，此后一直到90年代，职业教育一直处于发展的黄金时期，当时各类职业学校在校生一度超过2000万人。职业教育成为地位获得的重要途径，受教育者在薪资待遇、户口、身份地位等方面都处于优势地位，因此成为社会底层向上流动的重要通道（张力跃，2009）。但是自20世纪90年代初期开始，中等职业教育的优势地位开始下降，高等职业教育地位相对上升，而到了90年代后期两类职业教育的优势地位均让位于普通高等教育（刘精明，2001）。社会的中上阶层不再轻易将子女送入职业学校，以农民/农民工为主的社会群体逐渐成为接受职业教育的主体。

随着职业教育的逐步没落，社会对职业学校，尤其是中等

职业技术学校的歧视不断强化。因此但凡成绩差不多的学生初中毕业后都会选择上普通高中，中等职业技术学校成为"差等生"的摇篮。社会的歧视和"差"生源极大地影响了学校对职业教育的定位和教育理念。大多数中等职业学校的理念是"管住学生，不出乱子"，在校方看来，这些孩子本来都是没什么希望的，学业基础不好，而且携带了各种"恶习"。家长把他们送入职校其本意也不过是混个文凭，通过学校把他们管住，不至于在社会上惹是生非。

这种对学生的定位决定了学校的主要工作并不是教给学生技术，而是控制学生。秉持这种理念，学校和教师自然不会在教学上花很大力气。如 A 校一位老师所言：

> 我对他们（学生）的要求就是，学习不用太好，能学多少学多少，说实在话，他要是学得好的话，早就考高中上大学去了，学不好才来我们学校。（A 校班主任，20141010 访谈）

此外，教育市场化导致绝大部分的私立职业学校主要以营利为目的，学校所关注的是如何通过一些"手段"把学生招进来，招来之后确保"不出事"，所以对学生的发展并不重视。为了解决生源危机，很多职业学校会积极地与一些初级中学建立联系以扩大招生渠道，这些中学便会竭力动员学生申报职校。负责动员的相关老师通常会因此获得一笔"介绍费"。一些职校招生老师为了"拉"人，往往做出一些虚假的承诺，如学费补助等。

当时我班主任在我家里是这么说的：到这里来读中职3年才交4600（元），县里面针对中职生有3000块的补助，又说重庆市这边又有3000块的补助。我爸爸当时觉得读3年才4600（元），还有6000（元）补助，自己管生活费就行，就觉得还是让我来这边读好。因为如果在县里读的话，第一年报名就得要6000多（元），然后每个学期还要交1000多（元），还有生活费，县城离我们家还有大概30多公里（的路程），所以就过来这边了。（问：6000（元）你拿到了吗？）没有，我们县里的那3000（元）我今年过年去县教育局问了，说是在省外读的是没有补助的。重庆的那3000（元）说是当时换届，重庆市领导换了政策也跟着换了，再加上重庆市这边教育局和财政局闹矛盾，后面是怎么说的我也不知道了。当时班主任老说这个，总是资助资助。（WSQ，20141101访谈）

也有老师为了吸引学生，对招生学校进行美化，结果学生进入职校之后，产生了强烈的受骗的感觉。在A校，不少学生都说他们是被"骗"来的，并调侃地称该校为"坑爹学校"。

好多人都觉得这个学校很坑人。……来的时候说，基本上都可以进入轨道（指城市轨道交通运营管理专业），来了差不多半年的时候，班主任突然对你说，进轨道的话女生的身高要有要求，男生的身高要有要求，很基本的那些方面还是有限制的。……食堂太坑了，中午吃完饭，我们得统一上厕所。（SW，20141021访谈）

学校、用工企业和地方政府的关系也是塑造这种教育形态的重要力量。郑也夫（2013）指出，制度化的、持久的校企合作是职业教育质量的基本保障。中国当下的中等职业教育中虽然具有各种校企合作的方式，但普遍存在表面化和形式化的问题。企业并不热心通过职业教育培养自己的技术工人，而是依靠职业技术学校为自己提供低成本劳动力。很多职业学校组织学生假期去企业实习，不是为了让学生学习技术，而是为企业提供低成本甚至免费的学生工。学生毕业后，直接进入与学校有"关系"的企业从事低技能生产，学校则在这个过程中从企业获得一定的经济利益。如此一来，职业学校的宗旨不是为企业、为经济发展培养技术工人，而是成为企业所需低成本劳动力的储备库。因此，学校关心的不是技术的传授，而是习惯的养成，其中最重要的就是温顺、勤奋，以便为将来从事低技能的工作做好预备。这也正是职业技术学校努力推动德育教育和身体规训的主要原因。

学校并非一个自主性的领域，而是为政府、市场、家庭等力量所形塑。在很多地区，因为经济增长主要依靠劳动密集型产业，所以地方政府为了发展当地经济，引进的都是劳动密集型的制造企业，这些企业需要的是低成本低技能的劳动力。A校所在的地方是重庆新近建立的一个工业园区，为了追求经济增长，政府重复引进劳动密集型企业，并要求当地的职业技术教育为企业服务。从 2010 年开始，重庆的每所职业学校在假期都会通过勤工俭学的名义将学生输送到工厂，每到寒假和暑假，每家工厂里的学生工通常会超过总人数的一半，成为支撑重庆产业发展的重要劳动力。换言之，政府对职校与劳动密集型企业之间的对接持肯定态度，并把为企业输送一线工人看作是职校的重要功能之一。正是职校为劳动密集型产业提供源源不断且低成本、易管理的劳动力，才使得地方的经济发展得以在产业升级与转型的大背景下依旧可以享受"人口红利"，并同时解决了地方的就业问题。在这样的一种政策导向之下，一些职校提出了"一切为了发展，一切为了就业"的口号，因此也就形成了职业教育"轻技术重就业""轻技术重规训"的定位。

三　从学校到工厂

问到职校学生毕业后的打算，选择"根据学校的安排就业"的比例最高，占32%；其次为"自己找工作"（27.4%）；最后为"继续升学"（14.8%）。学校和专业是影响学生选择的重要因素。在A校，"轨道交通运营管理"专业的学生更倾向于"根据学校的安排就业"，占到50%左右，而计算机专业的学生则首选自己找工作。在B校，会计和计算机专业的学生更倾向于继续升学，这一方面可能是因为该校农二代家庭经济条件较好，另一方面可能是因为这两个专业的学生入学时成绩较好，中考发挥失利者较多，这些学生渴望通过继续升学成就其未竟的大学梦。

一些学生中途就退学了，坚持到最后的，或者考上了学校的大专，或者在学校安排的工厂和公司就业，或者自谋职业。少数佼佼者（如技能大赛获奖者）可能会被学校推荐到较好的企业。A校和B校对学生毕业后的具体走向均无确切的统计数据。D校对毕业生进行为期五年的跟踪。据该校一位老师介绍，该校毕业生3%自主创业，2%继续升学进入高等院校，其余的均按照学校的安排就业。

尽管中等职业教育存在前述的诸多问题，尽管大多数学生在"混日子"的状态中度过了在职业学校的生活，但是无论如何，职业教育还是为选择它的农二代们提供了一些优势，那些教学质量较强的公立职业学校尤其如此。理由如下：

首先，经过2~3年的职业教育，学生们往往会形成对专业的认同感，所以相对于那些初中毕业即打工的学生和中途从职校退学的学生，他们的工作更为稳定。新生代农民工的工作具有明显的短工化特点，相对于父辈，他们对一份工作持续的时间很短，而且常常是在各种工作之间频繁地更换。经历过职业教育的学生虽然可能在不同的工厂、企业之间流动较为频繁，但是一般很少偏离自己的专业。他们在职业选择上更少迷茫，更趋于稳定。笔者跟踪调查了从 HX 打工子弟学校毕业的学生，发现这一特点非常明显。小康和小勇初中毕业后都去了C 校学美容美发，职校毕业后进入北京的一家连锁美容美发店工作。而小峰、小双和小海则选择了初中毕业后自谋职业。三年过去，小康和小勇一直没有换工作，而且小康已经成了美发店的技师长，小海、小峰和小双却频频更换工作。比他们低一级的小腾和小创在职校学习的是计算机，毕业后一直没有转离自己的专业，小腾还因为自己的聪明踏实得到了重用，在晋升上赢得了一定的空间。

其次，经历过职业教育的学生，因为掌握了一些技术（尽管极其有限），在劳动力市场上具有一定的优势。虽然所学到的没有期待的那么多，但是总有一些长进。A 校计算机专业的小桥说自己刚入校的时候什么都不会，现在则能够维修电脑主机以及排除电脑常见故障，也学会了打字以及Word、Excel 软件的使用。职业学校的毕业证虽然分量不重，却也给他们增加了一份在劳动力市场上的筹码，而那些在技能大赛中获奖的学生在择业上的优势则会更大一些。不仅如此，当他们进入职场之后，虽然起点不高，但还是具有相对优势。小康进了美发店，尽管和其他年轻人一样也是从洗头做起，但升迁的速度明显比未上过职校的人要快，他的起始工资也要更高些。[①] 所有这些都使得相对于已经上班的初中同学，职校的学生表现出较强的优越感。

此外，职业教育为农二代与本地人之间建立友谊和社会网络提供了机会，从而挑战了本地人—外来者、城市—农村的二元对立（Minhua Ling, 2015：108～131）。"学缘"关系亦为学生们在求职和工作生活上提供了支持。[②] 同一个学校关系较好的学生通常会互相介绍工作机会，共同的职业教育经历也成为工作中重要的支持力量和抗争的资源。因为很多职业学校和企业建立了定点对接的关系，加之一些企业到职校大批招人，所以同一所学校的学生进入同一企业实习或工作的情形比较普遍。在 A 校所在的工业园区，很多企业实施粗暴专横的管理方式，工作条件非常艰苦，职校学习经历在这种环境中成为学生们化解无聊、枯燥，甚至对抗专制的控制方式的资源。2010 年某厂一次工人罢工持续了半个月，并且最终迫使公司加薪 500

---

① 据店长介绍，从学校毕业的一开始就被定为技师中的 A 级，保底工资 1200 元，而其他没有职校教育背景的小工要成为技师，则要从 C 级开始。C 级保底工资只有 600 元。

② 清华大学一项关于农民工的调查显示，超过 6% 的新生代工人是通过学校组织劳务活动进入第一份工作的，"同学、同事"成为新生代工人手机主要联络人的比重较老一代显著提高，尤其是"同学"，老一代仅有 0.4%，新生代则上升到 10.5%。

元并落实集体协商制度，罢工之所以取得成功与工人之间的学缘关系密不可分。在多数情况下，学生们的集体抗议并没有给自身带来明显的好处，但是无疑对资本仍旧造成了一定的冲击，而且他们也由此增强了组织性和战斗力，这必然会成为他们日后争取自身权益、在有限的空间中获取资源的一种途径。

然而，中等职业教育在促进农二代的社会流动上的作用终究非常有限，虽然它为农二代们在农民/农民工群体内部获得了一定的优势，但是却并未能使之跃入更高的社会阶层。换言之，职业教育虽然在一定程度上带来了短程流动，但是并未从根本上改变农二代的社会阶层地位。这一点从职校毕业生的就业状况便可知悉：重庆 A 校轨道专业的学生，毕业后进入火车站或地铁站从事安全检查或者售票，每天的工资为 40 元。进入工厂的学生每月工资在 2000 元左右。北京的 D 校是调研的几所学校中最强调技能学习的一所学校，其毕业生进入的行业以餐饮、物流、物业和幼儿保育等服务性行业居多，月工资为 2800 元左右，得到升职的大概有 30%。安徽 E 校的毕业生，多被输送到芜湖、江浙一带的工厂。据笔者 2011 年的调查，学生的起始工资约为 1500～1600 元，工作一段时间之后一些人能拿到 2000 元。工资低、工作的技术含量低、劳动强度大是这些毕业生们普遍面临的问题。即便不是被学校作为低成本劳动力输送到工厂，职校毕业生们也通常要从最基础的工作做起。

在《学做工》中，英国工人阶级的小子们进入工厂之后，因为反学校文化与工厂文化之间有诸多的相似性，所以他们与工作之间有较好的契合（Willis, 1977）。但是本书研究的农民工子女，虽然在义务教育和职业教育阶段，也以类似"小子"们的那种反学校文化形式表达对现实的不满和反抗，然而当从学校进入工厂之后，他们却并不像"小子"们那样如鱼得水，反而在诸多方面感受到强大的张力。

第一，个性的张扬与整齐划一的工厂体制之间的张力。虽然学校一心想通过规训工程让学生们变得驯顺，但是这个目标并未达成。在职业技术学校，学生透过各种方式抵制学校的规训，他们无视学校的纪律和各种意识形态的灌输，追求个性的张扬。A校学生私底下常会以谩骂的方式发泄对学校军事化管理方式的不满。而在德育课上，他们或者睡觉，或者玩手机，如果老师介入管理，他们甚至直接跟老师对着干。但是当他们进入工厂之后，却遭遇到比学校更为严密的控制，这种控制或者是透过粗暴的工头和其他管理者，或者是透过不停歇的生产线达成的。学校老师即使强硬也多少会有一些人情味，在与老师的对峙中，学生甚至常常处在优势地位。但是工厂的控制却是严密和冰冷的，面对资本强大的力量，学生显得渺小而无助。

第二，消费主义影响下对物质需求的增长、享受生活的愿望与低工资、高强度的工作之间的张力。从某种程度上说，职业学校孕育了消费主义的种子。学校的生活在某种意义上来说是非常享受和惬意的。他们可以自己支配生活费而不用看父母的脸色。家境稍好的家庭，给孩子的生活费通常比较高。他们享受购物的乐趣，经常外出聚餐、K歌，甚至在学校外面租房居住。一名被访学生说自己有三张卡，"每天都会刷爆。刷爆了再借别人的卡刷"。然而到了工厂，轻松惬意的生活很难持续了。工厂不仅工资低，而且工作强度很大，很多人除了工作就是睡觉。进入服务业的农二代，虽然工作场所不至于像工厂那样乏味沉闷，没有严密的生产线的控制，但是劳动强度也非常大。那些进入美容美发店的学生一般工作时间都在 12 小时以上，工资却非常微薄。

第三，期待与现实之间的张力。虽然学生对学校教育很不满，但是无论如何，他们觉得自己付出了三年的时间，也花费了不菲的学费，比那些初中毕业就打工的人多了一张文凭，所以他们对工作有一定的期待。然而现实却很残酷。很多职校学生作为低成本劳动力被输送到工厂，他们和那些没有接受过职业教育的人一样，从事着最简单的工作，而且不少学生所做的工作跟自己的专业没有任何关系。期望和现实之间的距离常常让学生们纠结不已。

四　职业教育与社会分层

在一些研究者看来，对平民子弟尤其是社会下等阶层推行职业教育尤为重要。雷通群指出，平民子弟与上流人士不同，他们求学的目的是要满足生活的需要。如果不推行职业教育，他们就会"渐感求学无趣"甚至中途辍学。"既欲人人均不失学，同时亦欲人人均不失职，惟在学校实行社会化的职业教育始能之"（雷通群，2008：209）。即对平民子弟来说，职业教育具有避免其"失学"和"失职"的双重功效。

面对农民工子女的教育困境，一些学者也主张从发展职业教育的角度着手解决。如孙立平认为，在当前状况下，试图在应试教育的思路中来解决农民工子女的教育问题是非常困难的，因此可以尝试将义务教育与职业教育衔接起来，这样"既可以解决农民工子弟入学难的问题，促成其以一技之长融入城市，也可以有效满足经济发展对技工的需求"（孙立平，2009：

279）。这里出现了职业教育在个体和国家层面的三重意义：避免失学、促进城市融入、解决技工短缺问题。

这些论述很好地论述了职业教育的重要性，但是并没有深入讨论职业教育对农民工子女群体向上流动的作用。本章的前面几节通过经验研究展现了一些中等职业技术学校里"农二代"的学习生活状态及其就业状况。与初中毕业后直接务工相比，"农二代"进入职业技术学校学习对其未来的职业发展是更好的选择。经过职业教育的学生比那些初中毕业就直接开始工作的学生更有文凭上的优势，而且经过相对正规的操作训练，在工作适应和职位晋升方面也略有优势。但是总体来看，职业教育在促进农二代的社会流动上作用并不明显。本节试图从更一般的意义上对职业教育与社会分层与流动之间的关系做一些探讨。

西方学术界对于职业教育与社会分层的关系形成了两种代表性的观点：职业教育提升劳动力或是阶级再生产的工具。前者认为接受了职业教育的个体因为拥有技术和更强的生产能力，比那些没有受到培训的个体更容易被雇用或取得更高的工资。而后者则认为职业教育将受教育者分流到较低的社会阶层中，因而是一种社会不平等的再生产机制（米靖，2007）。职业教育之所以扮演着社会阶层再生产的角色，主要是因为：其一，教育分流影响了教育与就业方面的平等。来源于较低社会阶层的学生多进入职业教育轨道，他们进入大学的机会被降低，因而进入专业化职业和其他社会声望较高的职业的机会也被降低（Gamoran，A. and Mare，1989）。其二，被分流到职业教育轨道中的学生，其教育获得会明显下降。原因是多方面的，如同学之间的互相影响；学生没有机会接受更高级和更宽泛的课程；由于进入职业教育的学生被附加了低能力的社会标志，这种情况进而影响了学生们的自我期望值和自我认同感等（Hallinan，M. and Willianms，1990）。其三，职业教育和学术教育两条轨道事实上是将人从技能和价值观等方面进行不同类型的社会化，从而将人们分化到生产体系的不同位置中，被分流到职业教育的人往往处于生产体系的较低等级（Bowles，S. and Gintis，1976）。

尽管职业教育再生产阶层结构的研究对现实很有穿透力，但是在一些研究者看来，这种对职业教育的批判有些过度了，忽略了职业教育在减少受教育者的失业机会和降低受教育者在社会较低层次职业中就业的危险性方面的作用。另一些学者则更具体地讨论了职业教育促进或者制约社会分层与流动的条件。研究发现，职业教育和培训的质量越高，职业教育课程与企业需求之间的相关度越强，职业学校与劳动力市场之间联系的密切程度越强，则受教育者的收入就会有较大提高，在社会分层中越可能处于有利的位置（米靖，2007）。

回到职业教育对农民工子女社会流动的影响的问题，笔者认为，第一，应尽可能保障农民工子女有选择学术教育的机会，而不是只能选择接受职业教育。在当前我国职业教育质量偏低的情况下，这一点尤为重要。第二，应大力发展职业教育，提升职业教育质量。虽然在现代社会的大多数国家，学术教育而不是职业教育承担了生产精英的功能，但是正如已有研究所揭示的那样，高质量的职业教育在促进社会流动方面具有积极的效果。我国目前的职业教育存在较多问题。学校课程与实际操作脱节，专业设置与市场需求相脱节，因此学生很难学到技术，或者即使学到技术也不能成为社会需要的人才[1]，学生从职业技术学校毕业之后往往只能从事工资收入较低、技术含量较低、缺少保障的工作。从这个角度来看，加大对职业教育的投入，提升职业教育的专门化程度和教育质量，或许是比讨论职业教育是扮演阶层再生产的角色还是提升了人力资本更为迫切和实际的问题。

五　面向职业教育的干预

农民工子女已经成为职业学校教育的学生主体，职业教育的发展直接关系到农民工子女的生存和发展。近 20 年来，从政府部门到社会各界对职业教育进行了诸多干预，有些干预已经开花结果，有些干预的效果显现尚需假以时日。本节从国家政策和社会行动两方面对围绕职业教育进行的干预进行简要介绍，以便对进入职业教育的农民工子女的现状和未来可能的发展有一个较为清晰的预判与把握。

---

[1] 《中国教育报》上的一篇文章较为全面地评述了职业教育面临的矛盾和问题，"在职教的地位上，理论、法规、宏观方针的'高位'与现实、操作、具体政策的'低位'的矛盾；在职教的需求上，国家需要和个人选择、市场需求和求学取向的矛盾；在供给能力上，培养条件的短缺与市场需求的错位；在经费投入上，办学成本高与实际投资低的矛盾；在成本分担上，学费偏高和学生家庭收入水平偏低的矛盾；在驱动机制上，政府责任和市场调节的矛盾；在教育功能上，学历教育为主与职业培训边缘化的矛盾；在培养模式上，产教结合与校企脱离的矛盾，多样化与单一化的矛盾；在就业待遇上，学历证书与职业资格证书不对等的矛盾"。资料来源：《2006：职教"负重"大"提速"》，中华人民共和国教育部政府门户网站（moe. gov. cn），最后访问日期：2022 年 6 月 30 日。

（一）国家干预

新中国成立后，我国从苏联引进中等技术学校教育和技工学校教育的模式，建立起以中专和技校等中等专业学校为主体的职业教育体系。20世纪80年代到90年代，我国职业教育经历了规模扩张，并于1998年达到高峰。从1980年到1998年，中等职业学校数由0.97万所增加到2.22万所，增幅为129%；在校生人数由239.74万人增加到1467.87万人，增幅为512%。进入21世纪后，高等职业教育迅猛发展，高职学校数从442所增加到1418所，全日制高职在校学生数从100.9万人增长到1133.7万人（宋乃庆、郑智勇，2019）。

在过去20年间，除了扩大职业教育规模，国家政策文件中多次重申职业教育的重要性，并且通过各种举措推动职业教育改革，提升职业教育质量。2005年印发的《国务院关于大力发展职业教育的决定》，要求"把发展职业教育作为经济社会发展的重要基础和教育工作的战略重点"，并提出了一系列推进职业教育事业发展的政策措施。2014年，国务院发布了《现代职业教育体系建设规划（2014～2020）》，提出该规划的总目标是"到2020年，形成适应发展需求、产教深度融合、中职高职衔接、职业教育与普通教育相互沟通，体现终身教育理念，具有中国特色、世界水平的现代职业教育体系，建立人才培养立交桥，形成合理教育结构，推动现代教育体系基本建立、教育现代化基本实现"。2019年，教育部、国家发展改革委等部门联合印发了《关于在院校实施"学历证书+若干职业技能等级证书"制度试点方案》。据此方案，职业学校学生要获得两种证书，就要接受两种考核体系的评价，因而需要更系

统地掌握理论知识，提升实践能力。2019 年，国务院发布
《国家职业教育改革实施方案》（简称"职教 20 条"），提出了
有关职业教育改革的 7 个方面 20 项政策举措，包括普通本科
高校向应用型转变、"双师型"教师队伍建设、建设多元办学
格局等重大举措。2022 年，《职业教育法》时隔 26 年首次修
订，标志着我国现代职业教育体系建设进入法治化阶段。新的
职业教育法明确了职业教育与普通教育同等重要的地位，为职
业教育和普通教育的"立交桥"奠定了法律基础；对职业教育
的经费投入、管理体制改革、企业参与等重大问题以法律形式
加以确立；为提升职业教育的认可度，塑造社会共识，发展现
代职业教育夯实了法治基础。

（二）社会干预

近年来，一些社会团体和社会力量面向职业教育并进行了
诸多干预，其中一个比较有价值的理念和实践是促进职业学校
学生的全人发展，即突破将职业教育定位在培养某一具体岗位
的能力的传统认识，注重培养学生的非认知能力。全人发展无
疑是教育的应有之义，它对社会流动的意义，我们尚不能妄加
判断。但可以肯定的是，在当前社会环境的不确定性越来越强
的情况下，培养学生的非认知能力对于提升其在劳动力市场中
的地位必然具有积极的、正向的意义。下面为几个关注全人发
展的职业教育干预路径。

1. HOPE 学堂[①]

HOPE 学堂是以社工服务介入中职教育中的一个公益项

---

① 资料来自亿方公益沙龙第十三期，主题为《职业教育如何促进学生的全人发展?》。

目。HOPE 学堂认为，要促进学生的全人发展，重点是实现个体和群体两个层次的赋权。首先，职教要回归学生为主体，从学生生活的实际需要出发，面向未来生活；其次，职教培养的目标是陶行知所讲的"自主、自立、自动"，也就是独立思考、自我负责、自食其力、积极主动；最后，HOPE 学堂主张教育是一个对话的过程，对话可以发生在教室/学校内外的一切实践中。

基于此，HOPE 学堂发展出三个层次的干预策略：

第一层次是行动导向的成长小组。HOPE 学堂和职业学校合作开设戏剧社、游戏社等社团，建立核心素养提升小组，以学生经验为基础，运用民众剧场、项目式学习等参与性较强的教学方式，让学生彼此产生共鸣、联结和对话，通过重新梳理自身经验来获得对自己和社会的批判性认识，以增强自信、思考与协作能力。

第二层次是实践平台。社会工作者与小组成员一起策划有趣且能回应学生需求的活动，比如性教育、校园欺凌、人工智能等主题活动；在学校和社区开展戏剧演出、社区服务等，学生通过集体的策划、执行、总结，提升综合能力。

第三层次是文化共创。一方面，以公众号为载体和学生一起开发能表达这个群体的文化符号；另一方面，以性别、戏剧工作坊、课程开发、专题研讨会联结职校德育老师一起探索适合的理念与方法。

这一干预策略的特点是以民众戏剧及其他参与式方法促进学生自信心、自我管理、沟通与协作、批判思维能力的提升，也通过实践平台形成了一个共学社群。以社工机构提供服务的方式开展干预，优势是可以发挥专业力量解决一些专门的问题，但其成效和运作本身则受制于学校的管理。

2. 民间公益职业学校

大部分社会干预方式都必须嫁接在参与干预的学校体制之上，干预成效很大程度上受限于学校管理体制，民间公益职业学校则试图进行更加彻底的探索。这方面比较有代表性的是百年职业学校。百年职业学校属于民办的慈善性质的职业学校，与一般的职业学校相比，师资力量雄厚许多，学生就业前景也更好。学校本来的招生对象是城市中贫困家庭的孩子，后来逐渐转向农民工子女。创办人是北京一家具有国家资质的物业管理公司的总经理。她在长年的公司管理实践中感到物业行业急缺技术工人，于是产生了"办一所学校，专门培养技术工人"的想法。学校一开始定位就很明确，"办一所慈善学校，专门教穷人家的孩子学技术"。后来则被丰富为"培养企业欢迎的员工，追求百分之百就业率，打造干净透明的慈善职业教育品牌"。

2008 年，笔者曾对百年职业学校的校长和老师进行访谈。当时学校设有四个专业：空调维修、电工、管工和酒店服务。学校将一般职业学校三到四年的学制压缩为两年，第一年在学校里学习基础课程、专业理论与实操课程，第二年则进入企业进行为期一年的实习。

> 学生毕业后要考两个上岗证，因为每个班都是学两个专业，一主一辅。考不过的，不能拿到毕业证……我们可以容忍一个本科生只懂理论不懂实操，但决不容许一个职业学校的学生只懂理论却不懂实操。（W 校长，20080403访谈）

目前，百年职业学校已在全国几个城市建立了分校，统一实施如麦当劳式的标准化管理。尽管如此，其规模仍然很小。

百年职校在职业教育方面的经验可以归纳为以下三点：

第一，明确目标。培养幸福的普通人——身体健康体魄好；明辨是非，有正向的价值观；经济独立，通过学校的学习能立足社会。学生达到这三个目标就意味着培养成功。

第二，课程体系。百年职校的课程体系分两大板块：人生技能和职业技能。人生技能占整个课程的六成，包括语言基础、社会认知、实用技能、艺术教育、健康生活和个人发展。学校重视人文精神的培养，对所有的艺术课程（包括音乐、美术、书法、舞蹈）都非常重视。同时，学校坚持把教育融入生活。百年职校的校园里面没有校工，所有的学校卫生都由学生来做，学校所有的教育均围绕生活展开。

第三，全员德育。每一位老师都是教育工作者，都要承担育人的责任。学校反对和学生空谈道理，而主张以老师自身的行为作为学生的表率，老师做不到的事情不能要求学生做。学校也不设心理室，而是设立辅导员制度。辅导员对学生的兴趣、特点、过去学习经历进行评估，然后制定计划，指导学生学习。师生之间也是同事，校园有100多个岗位，有的学生一人担当好几个岗位。学校强调以能力为本，不管学生考了多少分，只需要老师证明这个学生有这方面的能力就算作合格。所以学校不断开展活动，让学生知道自己学到了什么，并且通过向其他人的展示来提升自信。

HOPE学堂和百年职业学校对职业教育的贡献，或许很难从培养的学生数量上来界定，而在于一种教育的理念和教育方式的探索和输出。职业教育是一个复杂的系统工程，要实现高质量发展，需要政府、学校、企业、行业协会等各方主体的联动。在第八章，笔者会借鉴域外经验提出一些促进职业教育发展的建议。

第七章　进入劳动力市场

笔者在 H 县的调研显示，从八年级开始，少数留守儿童开始辍学，或者随父母到城市打工，或者在乡镇和县城无所事事地混日子，多数学生会在父母和老师的强制和劝说之下坚持到初中毕业。初中毕业之后，他们中间的一部分人进入职业学校学习技术，一部分留在本地或者外出务工，一部分继续"在社会上流窜"。而那些学习努力、成绩尚可的学生则进入乡镇或者县城的高中继续学业，以成就他们的大学梦。进入高中阶段的孩子中途很可能辍学，也有一些坚持到高中毕业，能够顺利考上大学的孩子不多，能进入好大学的就更少了。流动儿童的境况也相似。宋映泉（2016）根据对北京市 10 个区县 50 所打工子弟学校 1866 名初中二年级学生连续五年的跟踪调查数据发现，这个群体"初中后"教育成就整体不高。高中（含职业高中）阶段升学率不足 40%；大学升学率不到 6%。在高中阶段，入读职业高中的比例高于普通高中。在大学阶段，有近一半的学生就读于独立学院和高职院校。

进入劳动力市场之后的农民工子女成了新一代的农民工。2001 年，王春光（2001）首次提出"新生代农民工"的概念：他们出生于 20 世纪 80 年代，90 年代初次外出务工；受教育程度相对第一代农民工要高；外出动机由经济型转变为经济型与生活型并存或生活型。与第一代农民工相比，除了户籍仍然是农村户籍，新生代已经脱离了与农业的关系。他们不再像第一代农民工那样像候鸟一般在农村和城市之间来回流动。本书所研究的流动儿童和留守儿童在年龄上要小于王春光所界定的"新生代农民工"，他们在价值观、爱好、行为方式上也与新生代农民工有所不同，但是两者在劳动力市场上的处境和社会结构上的位置却无太大区别。因此本章有时也以"新生代农民工"称呼他们。

　　本章关注流动儿童和留守儿童进入劳动市场之后的工作状况。资料来源除了笔者对调研的流动儿童和留守儿童（即北京打工子弟学校和安徽省 H 县的农民工子女）的追踪访谈，还包括笔者所在课题组对在厦门的 M 工厂①的几位年轻工人进行的观察和访谈，他们都有留守或流动的经历。此外，本章也引用了一些笔者近几年来参与的问卷调查的数据以及国家统计数据以对整体情况进行描画。

一　工作搜寻

（一）行业与地域选择

　　从行业来看，第一代农民工主要在建筑业和制造业务工。从流动的方向来看，第一代农民工主要从中西部省份向东南部省份流动，也就是说，他们主要是在东南部的城市工作和生

---

　　①　M 厂是厦门市某工业区最大的电子厂，包括员工两千余人，是政府重点引进的台资企业。笔者的几个学生曾在此实习。本章涉及 M 厂工人的资料均来自学生的记录。

活。但是近十年来，这一趋势已经发生了较大改变。这意味着农民工子女在工作的行业和地域的选择上都与其父辈（至少是与父辈外出务工的早期阶段）存在明显差别。

1. 行业选择：从制造业到服务业

由表 7 - 1 可见，从 2011 年到 2021 年，在制造业中从业的农民工占比逐年下降，在第三产业就业的农民工占比则不断上升。从 2018 年开始，在第三产业就业的农民工占比保持在一半以上。在建筑业从业的农民工在 2013 年有较大比例的提升，2016 年有所回落，总体来看十年期间占比变化不是很大。由此可以推断，与其父辈不同，农民工子女越来越多地进入了第三产业之中。当然，他们也同样是制造业生产线工人的主力军。

表 7 - 1 农民工从业行业分布

单位：%

	2011 年	2013 年	2014 年	2016 年	2018 年	2020 年	2021 年
制造业	36.0	31.4	31.3	30.5	27.9	27.3	27.1
建筑业	17.7	22.2	22.3	19.7	18.6	18.3	19.0
第三产业	34.2	46.4	42.9	46.7	50.5	51.5	50.9

数据来源：国家统计局《农民工监测调查报告》。

就笔者调研的流动儿童和留守儿童的就业去向来看，从制造业转向服务业这一趋势表现得颇为明显。从北京 HX 学校毕业的流动儿童以从事美容美发工作的人居多。在安徽省 H 县，笔者调研的留守儿童在初三毕业前后，一些人留在本地从事烹饪、理发工作，或者在服装店或者超市做营业员，少数人在工业园区生产服装或玩具，在建筑工地工作的则几乎没有。据当地劳动局局长介绍，年轻一代劳动力在服务业工作的居多，

"年轻人图舒服，图钱，吃苦的事不干"。

近几年来，随着平台经济的蓬勃发展，工作相对自主、收入较高的外卖骑手、快递员、网约车司机等职业对制造业农民工以及在传统服务业就业的农民工均产生了强大的吸引力。新一代农民工往往会随意地在第三产业的各细分行业之间、在第二和第三产业之间、在传统行业和新业态之间进行切换。

2. 地域选择：工作机会与家庭支持

一直以来，因为经济相对发达，东部地区是吸纳农民工就业最多的地区。但是从 2011 年开始，东部地区农民工占比的增速呈现明显的下降趋势，2018 年甚至出现负增长。东部和西部地区的农民工占比在 2011 年出现了较大幅度的上涨，2014 年大幅回落，但是两个地区的农民工占比增速都要高于东部地区，表明在中西部就业的农民工人数逐年增多（见表 7-2）。这意味着第一代农民工从中西部向东部涌流的流动趋势已经逆转，很多中西部地区农民工开始选择省内就业而不是跨省流动，之前在东部地区就业的许多农民工则选择了向中西部"回流"。

从统计报告中我们很难看出选择省内就业的和"回流"的属于哪一个年龄段的农民工，因而也较难对研究对象在就业时的地域选择形成清晰的判断。从访谈资料大致可见，流动儿童因为大多在父母务工的城市生活较久，所以倾向于留在父母务工地，一方面环境较为熟悉，且不缺少工作机会；另一方面则可获得家庭的支持。留守儿童结束学业后，往往希望远走他乡，至于去往何处，则与工作机会获取的难易程度、对城市的偏好程度等因素有关。一些走得远的年轻人过一段时间会返回到家乡所在省的省会或者地级市务工。对他们来说，离家近一点，得到家庭的支持是非常重要的。

表 7-2　不同地区农民工占比增速

单位：%

	2011 年	2014 年	2015 年	2016 年	2017 年	2018 年	2019 年	2020 年	2021 年
东部	2	2	0.9	1	0.3	-0.2	0.1	-2.8	1.6
中部	8.1	1.2	1.7	1.1	1.8	1.9	0.8	-1.8	3
西部	9.6	2.5	1.3	1.5	3.3	1.3	1.7	-0.2	2.7

资料来源：国家统计局《农民工监测调查报告》。

（二）求职方式

第一代农民工找工作主要依靠传统的血缘、地缘等人际关系网络，通过"资深"农民工介绍，一轮带一轮地以滚动方式进城。2006 年国务院研究室发布的《中国农民工调研报告》显示，农民工找工作的渠道，通过熟人或亲戚介绍的比例达到 60.37%，通过中介机构和自己应聘的仅占 14.2% 和 12.1%。

对农民工子女来说，关系网络对于获得工作信息和工作机会同样发挥着重要作用。但不同的是，他们比其父辈更多地通过中介机构和网上直接应聘的方式求职。尤其是通过劳务中介求职，在某些行业非常普遍。2019 年，笔者在广东调研时了解到，通过劳务公司招工已经成为当地制造企业主要的招工渠道。据了解，在广东省仅黄浦区，劳务公司就有好几百个，彼此之间的竞争非常激烈。

十年前是劳务公司帮工厂招人，工厂与工人直接签合同，工厂和劳务公司之算人头费，现在很多工厂自己招人

和通过劳务公司招人（两种方式）一起使用，但是合同大部分签在劳务派遣公司。（LJC，20191111 访谈）

换言之，企业不仅把招工这项任务，而且把工人管理工作和用工风险都转给了劳务公司。

对于工人来说，通过劳务公司获得工作机会，不仅找工作的流程变得复杂，而且不确定性和风险增加了，成本也提高了。工人所面对的是一个劳务公司为核心的复杂的中介链条。"求职者以个体或组织的形式到达劳务中介门店，由"小黄牛"安排接送至中转地，继而由"大黄牛"安排车辆将工人送至劳务公司，最后由劳务公司安排进厂。一名求职者由劳动力市场进入工厂需要通过四轮交接，每轮交接中的中介组织都扮演着特定的角色"（刘子曦、朱江华峰，2019）。在此过程中，工人经多人易手，要向劳务中介、"黄牛"、劳务公司缴纳报名费、介绍费、体检费、面试费等各种名目的费用。笔者调研中了解到，介绍费根据性别、工厂以及劳务中介的不同而不同。女性求职者比男性求职者需要交付的中介费要少，有时甚至可能仅是男性的一半。工作条件较好的工厂，求职者需要缴纳的介绍费较高，最多能达到一千多元。一般情况下如果求职者不能顺利进厂，劳务公司或中介会退还全部或者部分介绍费，但是报名费等其他费用则不会退还。此外，由于很难一下子找到工作，求职者还需要承担一定额度的食宿费。那些想进"好厂"的工人在工作确定之前需要付出的食宿费用相对更高，因为这些工厂招人程序复杂，招聘过程会拖得比较长。

笔者访谈了一个刚刚进到某家电子厂的工人。他感叹道：

> 进来真是太不容易了。各种无理由的收费，总厂中介收 100（元），我在这边待了八九天，住酒店。……来了之后马上上班还行，（要不）待个三五天，1000 多块钱就没了。……总厂面试的时候就喊只要长期工，暑假工什么的都不要，能接受半个月之内不能住宿的，就留下，不能接受赶紧走。他一嗓子喊完之后就走一半，面试下来又走一半。（D，20190718）

对求职者来说，通过中介获得的工作信息往往是模糊的、不确定的。而且大量黑中介的存在使得找工作的风险大大增加。黑中介之"黑"主要体现在：收中介费，承诺进厂，但是不能保证进厂，且费用不退；承诺的工资无法兑现；承诺工作很轻松，但是事实上劳动强度很大。笔者 2019 年在广东的劳务市场遇到的求职者谈到中介均非常愤慨，他们都有被黑中介欺骗的经历。

二 工作质量

美国经济学家多林格尔和皮奥里于 20 世纪 60 年代提出了双重劳动力市场模型。他们认为，社会和制度性因素的作用导致了二元劳动力市场的形成：初级劳动力市场和次级劳动力市场，二者之间很少有流动性。初级劳动力市场工资高、工作条件好、就业稳定、安全性好、管理过程规范、升迁机会多；次级劳动力市场则恰恰相反，收入低，工作时间长，工作稳定性差，技术含量低。

农民工子女是次级劳动力市场的主体。根据宋映泉对打工子弟学校毕业的流动儿童的追踪调查，该群体整体就业水平和就业质量不高。就业学生主要集中在三类服务业：批发和零售业，住宿和餐饮业，居民服务、修理和其他服务业。他们的平均月薪为 2500～3500 元；10% 左右的学生以"帮助家里照看生意"的方式就业；13%～21% 的人则处于无业状态（宋映泉、曾育彪、张林秀，2016）。我在 H 县调研时发现，男孩子学烹饪的较多，女孩子则倾向于从事美容美发或者在商场从事服装售卖。我访谈了几名年轻的厨师学徒工，其时他们都已学厨两年，但仍然处在配菜阶段。他们的月工资收入在 1500～1600 元，每天都要上班，没有休息的日子。女孩子的工作也没有休息日，工资均在 1500 左右，工作时间为 10～12 小时。到大城市务工的人会得到更高的收入，但是劳动强度很大，就业的稳定性也很差。

　　以下主要基于 2022 年笔者对制造业生产一线员工的问卷调查和访谈数据对农民工的工作质量进行描述。此次问卷调查主要在深圳和天津两地展开，共回收有效问卷 4483 份。考虑到本书关注的是进入劳动力市场后的流动儿童和留守儿童的工作状况，笔者筛选出户籍类型为"农村户籍"、年龄在 30 岁以下的样本，[1] 共 1342 人（下文中此次调查被称为"2022 年制造业新生代农民工调查"）。我们无法透过数据得知这些样本是否有流动或留守的经历，但是从户籍和年龄推断，有此种经历的必然占据绝大多数。

（一）工资收入

　　"2022 年制造业新生代农民工调查"数据显示，53% 的人

---

[1]　流动儿童和留守儿童引起社会关注是在 20 世纪 90 年代中期。如果将 1990 年作为"第一批"流动/留守儿童的出生年份，则他们现在约在 30 岁左右。

当前平均月工资水平为 3001~5000 元，占比最高；35.3% 的人平均月工资为 5001~7000 元；月均工资收入超过 9000 元的只有 6.4%（见表 7-3）。可见新生代农民工的工资水平很低。

表 7-3 制造业新生代农民工平均月工资收入

单位：人，%

平均月工资收入	频率	百分比
3000 元以下	71	5.3
3001~5000 元	711	53.0
5001~7000 元	474	35.3
7001 元以上	86	6.4
合计	1342	100.0

数据来源：2022 年制造业新生代农民工调查。

（二）劳动时间

新生代农民工每日的劳动时间很长。根据"2022 年制造业新生代农民工调查"数据，49.9% 的样本每日工作时间为 8~10 小时，41.3% 的人每日工作时间为 10~12 小时，即超过 90% 的工人每日工作时间在法定的 8 小时以上（见表 7-4）。每月休息天数，"1 天及以下"的占 11%，"2 天"的占 27.7%，"3 天"的占 14.1%，"4 天"的占 30.3%，"4 天以上"的占 17%。很多实行计件制的企业对休假并无严格限制，但是对工人来说，休一天假，便意味着失去一天的收入。

2019 年笔者在广州一些制造企业的调查可在一定程度上对上述数据提供佐证。很多工厂实施的是"底薪+加班费"的工资计算方式。一线普工的底薪一般在 2100 元左右。一般技术人员的底薪可达到 3500 元。正规的工厂，周一到周六加班费是小时工资的 1.5 倍，周末和法定节假日则是 3 倍。加班费几乎占到工人工资的一半还要多。换言之，大部分制造企业工人只能通过"加班"才能获得每月五六千元的收入。

表 7 – 4　制造业新生代农民工每日工作时间

单位：人，%

每日工作时间	频率	百分比
6 小时及以下	18	1.3
6 ~ 8 小时（含 8 小时）	78	5.8
8 ~ 10 小时（含 10 小时）	670	49.9
10 ~ 12（含 12 小时）	554	41.3
12 小时以上	22	1.6
合计	1342	100.0

数据来源：2022 年制造业新生代农民工调查。

（三）岗位技能性

与父辈们一样，因为受教育程度低、技能水平低，新生代农民工进入的主要是劳动密集型企业，其所在的工作岗位对技能的要求往往很低。根据"2022 年制造业新生代农民工调查"数据，当前制造业工人所在的岗位，从新手到上岗、从上岗到熟练操作，从熟练操作到精通所需要的时间很短。69.3% 的人"1 周之内"即可上岗；78.4% 的人"1 个月之内"即可达到"熟练操作"；77.4% 的人在"3 个月之内"即可从"熟练操作"进入"精通"的地步。

对新生代农民工来说，在工作过程中获得技能提升困难重重。这是因为，其一，劳动密集型企业对工人的技能水平要求较低，所以企业不需对生产工人进行系统的技能培训，工人技能成长的天花板很低。其二，企业通过延长工人的劳动时间和压低工人的工资收入扩大利润空间，导致工人自身没有时间和精力投入技能提升的行动之中。

表 7-5 制造业新生代农民工所在岗位技能时间曲线

单位：%

	需要的时间（占比前五位）							
	1 天以内	3 天以内	1 周以内	1 个月以内	3 个月以内	6 个月以内	1 年以内	1 年以上
从新手到上岗	19.6	21.3	28.4	15.4	10.1	—	—	—
从上岗到熟练操作	—	29.9	26.8	21.7	11.7	4.4	—	—
从熟练操作到精通	—	17.8	23.0	20.9	15.7	—	—	10.9

数据来源：2022 年制造业新生代农民工调查。

三 职业流动

社会流动从方向上可以分为水平流动和垂直流动。新生代农民工在不同职业和企业之间的水平流动频繁，但是从较低社会阶层向较高社会阶层的向上流动却很稀少。

（一）频繁的水平流动

吴红宇和谢国强对东莞新生代农民工的调查显示，新生代农民工人均工作时间为 3.76 年，而人均从事过的工作达 4.12 个，即每人平均变换工作的时间不到一年（吴红宇、谢国强，

2006）。在中山大学 2010 年对珠三角和长三角的新生代农民工的调查中，67.3% 的被调查者声称外出打工以来"换过工作"。清华大学社会学系在一项关于新生代农民工的调查报告中，提出了"短工化"的概念，即农民工工作持续时间短，工作变换频繁，但职业流动呈"水平化"趋势（清华大学社会学系课题组，2013）。根据"2022 年制造业新生代农民工调查"数据，在过去两年中，换过一次工作的占 26.4%，换过两次工作的占 15.6%，8.2% 的人换工作的次数在 3 次及以上。

　　笔者在访谈中也发现，步入劳动力市场的农民工子女，很少有人能够稳定地在一个企业较长时间地工作，他们甚至频繁地在不同的行业中换来换去。在厦门的 M 厂，换工现象非常严重，几乎每个人都有换工作的经历。有的人进厂不足半月即离职，有的则在一两个月后选择离开。

　　小华 2010 年 5 月从 HX 学校初中毕业，当我在 2010 年 10 月份再见到他的时候，他正在一家饭店当后厨。谈到毕业后的工作经历，他不停地叹息，"我爸是拉货的，自己买的车。他说让我跟他干。但是我不愿意。他那个活可辛苦了。早上有时候天没亮就出去，晚上两三点才回来"。一个亲戚给他介绍了一份超市理货员的工作，工资 1500 元/月，干一天歇一天，很轻松，但是他未满十八周岁，没有身份证，所以没能做成。而且他也不想干这份工作，因为"不能学技术……得为将来考虑"。他曾在一家电子厂干了一个月，工资每月 1200 元，八小时工作制，周末休息，因为不满意老板偏心同期进厂的另一个员工，辞职不干了，谈到这件事他非常后悔自己一时的莽撞和冲动。后来去了一家家具厂给家具喷漆，工资倒是高不少，但是受不了油漆的味道和工作的强度，半个月以后就走了。一个月前通过姐姐的介绍，来到一家饭店的凉菜部做小工，每天工作12小时，工资1000元/月，周末不能休息。"我真不想干了，特别累，老板还特别抠……但是你说我该干什么呢？唉，我真愁啊，真不知道自己该干什么。对将来真的特别迷茫"（DJH，20101019访谈）。

同样从HX学校毕业的小峰的经历也颇为丰富。"我毕业后在在家里待了没多长时间，然后我父亲想让我学个技术，去了北京酒仙桥那边有个工地，学电工，我父亲认识那个包工，干了差不多三个月吧，一句话，感觉跟人间炼狱似的。……倒也坚持过来了，工程完工了，就没打算再去了"。三个月后，他去了一家商场做销售，月工资1200元，坚持了一年多。之后在街头碰到一个日用品品牌的销售人员在发传单，邀请他去"会场听听课"，他去了之后"感觉挺不错"，就开始投入这个日用品品牌的销售中了。当时的他踌躇满志，"原来只是感到前方一片阴影，现在，看到未来宛如一朵灿烂的桃花"。然而半年后再见面时，他已经在一家房产中介公司做经纪人了。对于离开前述日用品品牌销售工作的原因他不置可否，只说自己还小，"时机还不成熟"。对经纪人的工作他比较满意，"在这里还行，底薪2600（元），提成10%～30%不等。在这里踏实一些吧，离家门也近，作息比较规律，企业文化氛围很好，相处得很融洽"（XF，20141210访谈）。

类似的故事在农民工子女身上不断上演。从自身的角度来看，他们频繁跳槽大致有以下几个方面的原因：

首先，他们怕苦怕累，也忍受不了工作的单调乏味。与只要能挣钱，再苦再累也在所不惜的父辈不同，年轻一代绝不甘心承受身体的过度劳累。小峰说到自己在工地的经历。

　　　　我师父让我拿镐，我从来都没拿过那玩意儿，说要刨
　　一个沟。就拿着镐，跟个民工似的，一个劲地往地上凿。
　　我当时手都擦破了，哎哟，我那感觉，可委屈了。当时就
　　心想，我不干了，我打电话回家。电话打了三遍，无法接
　　通，我就想，既然来了，就坚持下去吧。继续刨那沟。沟
　　刨了，我手也破了。印象特别深，一个人睡觉，上下铺，二
　　层，一个人蜷在被窝里。就掉过那一次眼泪。就是感觉特别
　　委屈，一个人静静地蜷在被窝里。（XF，20141210 访谈）

　　他们喜欢清闲，但是如果过于无聊单调他们同样也不堪忍
受。在 M 厂，工人们辞职的原因多是厌倦了工厂乏味且单调
的生活。其实 M 厂的工作强度并不是很大，但是工作时间较
长，每天 12 小时，工作任务简单重复，有些工人便会因为感
到无趣而离开。

　　其次，与父辈相比，他们更崇尚自由，更率性。2019 年在
广东调研时，一名工作干部告诉笔者，现在的工人很"率性"，
不愿受管束，如果从管理者那儿受了气，即使拿不到工资也会
离职。

　　　　我今天在这里做得不开心，不舒服了，我就跑了。觉
　　得哪里好就往哪里去了。…… 有的甚至挣了钱以后就跑
　　到香港、澳门去旅游一趟再回来，玩上一两个月，回来钱
　　花完了又去再找工作。（L，工会干部，20190728 访谈）

　　最后，也是最根本的一点，他们的职业向上发展的希望很
小。无论何种工作，他们总是处于最基层的那一拨，往上走的

路或者漫长，或者没有通道。调研中发现，但凡他们能够看到希望，即便苦累，他们也可能会坚持下来。小康从 HX 学校毕业之后，进入北京的一所中等职业学校学习，从职校毕业后在一家美容美发店工作。虽然每天的工作非常劳苦，但是四年过去，他依然没有离开。究其原因，一是员工有一定的发展空间，二要归功于店长所提示的美好愿景以及各种"洗脑"说辞。

特累。早晨九点钟（上班），眼睛都睁不开，不起不行啊，对自己说，上班了上班了，精神起来，凉水洗脸，五分钟解决战斗。（八点）五十多点起，九点到。九点打卡，过一会就迟到了。……将来的计划想的很多，也很累，慢慢走呗，走一步算一步吧。要是爬得快的话，四五年能升到店长。我的一个师兄，他升得特别快，再过两年，只要有店，他就是店长。你的性格、能力被上面认可了，破格提拔，是很有可能的。店长有股份的。店里业绩好，他就分得多，业绩不好，就分得少。最少的话应该是一年二十万。……慢慢去混呗，不能说没个奔头去混，你要想以后干嘛，往哪儿走。你要生活好一点儿？让旁边的人生活好一点儿？现在吃饱了睡，睡饱了吃，过几年就睡在大马路上。……店长经常讲一些道理，你自己去想，想明白了就好了。上次我们去开了个什么会，店里大部分人都哭了。讲一个店员的经历，他们家本来还可以，但是突然有一天非常需要一笔钱，父亲生病了，但是没有这个钱，你怎么办？顺着这个思路往下想，然后他把那个医院的场景渲染一下，很多人受不了就都哭了。……你爸没有一百万，你怎么不让你孩子的爸有一百万呢？你想你以后要干嘛，上面你要养着，底下你也要养着，这钱从哪里来？……那一次去听课，讲了三个小时，就两个字，男人要懂得你的责任在哪里。……我们那个老大说话比较糙，但是确实挺有道理的，狼行千里吃肉，狗行千里吃屎。你是狼是狗，自己决定吧。（KS，20141015 访谈）

除了上述新生代农民工自身的原因，一些制度性的因素也推动了他们频繁跳槽。一是雇佣关系的不稳定。当前，企业用工越来越灵活化。新生代农民工很少与用工企业签订劳动合同。这意味着企业可以随时解雇他们，他们也可以随时离开。二是当前劳动力市场上盛行的"返现"制度。有研究者发现，在"整体用工荒"和"生产波动性"叠加的情况下，劳务公司为了确保招到工人，设立了一种名为"返现"的激励措施。这是一种由劳务公司出资，除正式工资之外给予工人进厂的非正式奖励。返现额度根据时间和企业不同而不同，有时能高达3500 元。很多工人会有计划地赚取"返现"，即通过比较可靠的劳务中介，进厂做工 45 天（这是多数情况下拿到"返现"的时间要求），然后离职进到另一个工厂，之后再离职，如此循环往复（刘子曦、朱江华峰，2019）。

（二）未知的向上流动

大致说来，农民工存在四条向上流动的路径。

第一，成为技术工人。技术技能是重要的人力资本，如果农民工能够掌握一定的技术，拥有较高的技能等级，那么他们在劳动力市场上就更有优势，更可能获得收入和社会地位上的提升。但是就目前的情况来看，农民工在技能学习和技能积累方面存在较大的困境。在职业技术学校，大部分学生很难真正学到技术。进入企业之后，企业并没有为他们设置制度化的技能学习渠道。有的地方工会会面向农民工提供一些技术培训，但是被覆盖的工人并不多。因此，技能提升，就外部环境来看，途径和资源非常有限。而从工人自身的情况来看，尽管他们学技术的意愿颇为强烈，但是面临较多阻碍。首先，超长的工作时间使得他们缺少技能培训的时间和精力。其次，他们缺乏学习目标，不知道自己应该学什么。最后，他们欠缺技能学习的必要的知识基础，很多人因此对"学得"技术缺少信心。据深圳一名工会干部介绍，工会为工人提供了 C 语言培训的机会，不少参训的工人学了几次就因为"学不懂"放弃了。

第二，成为企业基层管理者。大多数企业，尤其是制造企业，员工一般有两条上升路径。除了技术路线，就是管理路线。普通工人可以沿着组长—班长—系长的路径向上晋升。但是这条路径能够容纳的人很少，只有少数有能力、有想法的人才能往上晋升，而且往往要经过较长的时间才能达到某个管理层级。因此，大多数工人不会沿着这条路往上走。

第三，经营小生意。一些农民工在城市经营小生意并积累了一定的人脉和资金。与工厂做工相比，做生意的收入要高很多，在某种意义上也算是实现了向上流动。但是孩子们中间鲜有人愿意子承父业，除了怕苦怕累，这些生意不够体面是一个重要原因。小涛就是其中一例。小涛的父母在北京贩卖猪肉已逾十年。他四岁时从老家来到北京，在打工子弟学校上完了小学和七年级，八年级时因为不能异地中考转回老家，并且因为担心跟不上老家学校的学习进度而复读了七年级。高一时开始上网，学习成绩大幅下降，高二基本处于弃学状态，就又来到北京。当笔者见到他的时候，他每天在家闲着，上午给饭馆送猪肉，中午在家里帮忙做饭，其余的时间全在上网。他说"整天没事干很没劲"，但是他实在不知道该干什么。小涛的父亲一直想让他接班贩卖猪肉，但是小涛并不乐意。在他看来，虽然贩卖猪肉赚钱多，但是"太脏，又累"，"说起来也不好听，不体面"（WT，20100605 访谈）。

第四，自主创业。自主创业是很多年轻人的梦想，但困难重重。用他们自己的话说就是，一缺资金，二缺人脉，三缺项目。除了这些客观条件的障碍，他们也缺乏清晰的规划和持续的行动。他们很少为了自己的理想而努力，想法也不停地变化。课题组成员在 M 厂认识的几名工人都是这样。小婷说自己以后想和朋友一起在县城里开一家蛋糕店，但后来被再问到开店计划时，她却说自己也不知道该做什么。小俊说以后想"开酒吧"，但问到有没有开始规划或者存钱时，他说自己一分钱也没有存下来，微薄的工资都花在"喝酒、按摩、唱歌、泡温泉"上了。小晨是 M 厂车间的小班头，当被问到对未来的打算时，他说，"过段时间想去广州那边看看，想去那边创业"，但具体什么时候去，去做什么他都不清楚。一种新的创业方式——"开网店"，开始受到他们的关注。M 厂的小莲在 QQ 上认识了一个朋友，给她介绍了一家做服装销售的公司，她便希望跟这家公司合作开网店。但同样，这也只是一个想法而已。在随后的交谈中，小莲又说自己想要和同学边打工边旅游，但最后她还是选择了去父母务工的城市找一个合适的工厂工作。之前说的开网店，直到她离开工厂再没提起过。

向上流动的困难加剧了水平流动，也导致了新生代农民工普遍的迷茫状态。相对于"计划以后"，他们更愿意安于现在的生活方式。当被问及将来的打算时，他们给出的回答多是"没想过，边走边看"。

第八章　路在何方

一般认为，现代社会是一个更平等的社会，原因之一就是教育的扩张。教育作为一种后致地位因素，在决定人们的阶层位置上发挥着越来越大的作用。人们的受教育程度与其所能获得的经济收入、社会地位之间存在高度的相关性（布劳、邓肯，1967）。"在所有工业化或正在工业化的国家中，对'谁走在最前面'这一问题的最好回答，就是'那些获得了教育的人'。"（Zhong Deng and Donald J. Treiman，转引自李春玲，2009）。因此，人们似乎有理由期待，随着教育的普及，社会的不平等程度会大幅度降低。但是，诸多关于教育的社会分层研究已经打破了这个神话，教育并没有把不同阶层拉平，而是在某种意义上再生产甚至强化了阶层差异。

如果说在某些社会条件下，教育还多少披着中立的外衣，以至于研究者需要打开隐蔽的黑箱，以透视学校如何参与了阶层地位的再生产、家庭优势如何传递的话，那么在农民工子女身上，我们看到的却是明显的教育机会不均等。流动儿童身处城市，却无法与城市居民的孩子一样拥有在公立学校接受教育的权利，而只能接受一种市场化运作的低质教育，并且因为中考和高考的制度障碍而被剥夺了教育期望。流动儿童在城市的这种边缘化处境导致了大规模留守儿童的出现。这些留守家乡的孩子们承受着城乡二元结构下教育资源的不均衡配置，拆分型的家庭模式则进一步加剧了他们在学校教育上的劣势。由此产生的后果便是：农民工子女虽然认同知识和文凭的价值，却往往在初中毕业之后就终结了学校教育，进入次级劳动力市场务工。一些进入中等职业技术学校的孩子则以"混日子"为生活常态，并在结束职业教育之后，同样作为低技能劳动力从事着重复的简单劳动。相对于父辈来说，这些孩子在劳动力市场和工作场所中的地位与处境并无改善，他们却比父辈更不稳定，更少盼望，更易迷茫。

随着资本的全球流动，作为劳动力市场底层的农民工将会处于更脆弱的地位。近几年来，资本已经越来越多地转离中国，流向了东南亚等劳动力更为廉价的地区。加之企业自动化、智能化水平的不断提升，一些地方已出现了机器人对低技能劳工的大规模替代。这些都意味着从流动儿童和留守儿童成长起来的新一代农民工将面临更严酷的市场处境。

农民工是"中国奇迹"的缔造者、"世界工厂"的主体，如今，他们的孩子延续着父辈的足迹，成为各行各业的劳动主体。如果说他们的父辈能够因其劳动力的廉价优势成为中国经济高速发展的驱动力的话，那么他们自己却不再能够扮演这样一种角色。这是因为，依靠低成本劳动力优势获取高速发展的模式即将走到尽头。理由在于，第一，由于劳动年龄人口增长速度逐年下降，劳动力供给大于需求的格局将逆转，尤其随着农村剩余劳动力大批向非农部门的转移，二元经济格局将彻底改变，工资水平将会提高，这意味着人力成本上的比较优势将不复存在。第二，尽管中国经济在过往的若干年间实现了高速增长，但是在国际产业链中，中国长期停留在加工生产环节，利润率极低，这样一条依靠低成本劳动力优势的发展道路如果持续下去，中国的国际竞争力难以有根本性的提升。[①] 依靠将劳动力成本压到最低水平的竞赛方式纵然有短期超常的产出，但是不可能成为最终的赢家。[②] 打破对低成本劳动力的依赖，推动产业结构从劳动密集型向资本和技术密集型转变，提高国民教育水平和文化素质，实现"教育兴国""人才强国"，方能赢得持续的竞争优势，实现中国经济和社会的长远发展。

因此，无论是从个体发展还是社会发展的角度，对农民工身份地位的代际传递进行干预都是极为迫切和必要的事。各种形式的社会干预对于改善农民工及其子女的境遇固然具有不容忽视的积极意义，但是来自国家的干预才是最根本、最有力的。近些年来，我们看到，面对农民工及其子女的诸般困境，各级政府做了大量工作，也取得了一定的成效。未来我们期待国家出台更积极的政策，推动更加有效的改革措施，以保障农民工的劳动权益和社会福利，为农民工自身的职业发展及其子女的向上流动提供有力保障。以下笔者围绕三个方面做些探讨。

---

① 郎咸平：《中国经济发展方式转变的关键在哪里？》，http://langxianping.qzone.qq.com，2010 年 4 月 27 日。

② 有学者指出，尽管中国一再压低劳动力的价格，但是如果考虑生产率因素，中国的劳动力成本并不具有优势。"在劳动力密集型制成品方面，创造同样多的制造业增加值，美国的劳动力成本仅仅相当于中国的 1.3 倍，日本相当于中国的 1.2 倍。而如果与韩国比较，中国的劳动力成本甚至比韩国还高 20%。这意味着，中国用相当于美、日将近 1/25 的微薄工资换来的仅仅是非常微弱的劳动成本优势。这个优势随时可能被其他因素所抵消"。参见袁剑，《恶性竞争与文明底线——全球化图景背后的另外一个中国》，http://view.QQ.com，2007 年 2 月 26 日。

第一，进一步推动公共服务均等化。

党的十八大报告提出，"加快改革户籍制度，有序推进农业转移人口市民化，努力实现城镇基本公共服务常住人口全覆盖"。这之后，国家相继出台了一系列政策文件，包括《国家新型城镇化规划（2014~2020年)》、《关于进一步推进户籍制度改革的意见》、《关于实施支持农业转移人口市民化若干财政政策的通知》(2016)、《关于统筹推进县域内城乡义务教育一体化改革发展的若干意见》等，以实现农民工市民化的政策目标。其中户籍制度改革尤为关键，它意味着国人的权利待遇将逐步与其户籍身份脱钩。换言之，农民工在流入地将与城市居民平等地享有各种公共服务和公共资源的机会。

就目前的情况来看，虽然农民工市民化在一些地方取得了较大成效，但是仍然存在较多问题。尤其在特大城市和大城市，户籍仍然是获取公共服务的前提，虽然落户要求逐渐松动，但是对于农民工来说，要满足相应的要求并不容易。而这些地方恰恰又是经济最具活力、就业机会最多、最能够吸引农民工的地方。要从根本上化解这一矛盾，除了大城市改变计划控制思维，直面人口增长的现实，推动公共服务的均等化供给之外，还需要加快区域均衡发展，避免资源向特大城市和大城市的过度集中。

第二，加大面向农民工的技术技能培训。

提高农民工的技术技能水平，是改变农民工在劳动力市场上的弱势地位，增加其与资本协商的筹码，并实现向上社会流动的重要途径。研究者发现，技能培训有助于提升农民工的收入水平。持有职业技能证书的农民工比未持有职业技能证书的农民工的平均收入高出17.6%（李雪、钱晓烨、迟巍，2012：100~107）；农民工参加职业技能培训具有较高的收益率，中高等级培训会产生显著的收入效应（丁煜、徐延辉、李金星，2011：29～36）；拥有技能的农村劳动力比没有技能者的人力资本回报率高21%（赵海，2013：40～45）。技能也影响着农民工的就业稳定性和城市定居意愿。陈昭玖（2013：34）的研究表明，掌握技能的农民工比没有掌握技能的农民工就业稳定的机会比率高1.68倍。姚先国等（2009）发现劳动技能状况是影响永久性迁移意愿的最重要的变量，劳动者人力资本的积累有助于永久性迁移模式的形成（姚先国，乔明睿，来君，2009：14～19）。接受过职业技能培训的农民工对留在城市的意愿更为强烈（张怡然、邱道持、李艳等，2011：62～68）。农民工参加培训的次数越多，在城市定居的可能性越大（罗遒，2012：58～67，73）。

　　从2003年开始，国家围绕农民工的技能培训问题颁发了一系列文件，如《2003～2010年全国农民工培训规划的通知》（国办发〔2003〕79号）、《关于进一步做好农民工培训工作的指导意见》（国发〔2010〕11号）、《农民工学历与能力提升行动计划——"求学圆梦行动"实施方案》（教职成函〔2016〕2号）、《新生代农民工职业技能提升计划（2019～2022年）》等。在国家的大力推动下，关于农民工技能培训的工作在全国范围内展开，取得了一定的成绩，但是问题也很明显，主要表现在技能培训比例低、培训供给不足、培训供需错位等方面。总体来看，当前农民工的技能仍然处在很低的水平。2022年笔者对制造业生产线工人的调查数据显示，从技能等级来看，大部分制造业生产工人属于低技能劳动者。"无等级"的样本占54.5%，初级工占18.8%，中级工占14.3%，高级工及以上（包括技师和高级技师）技能等级的样本占比合计仅12.4%。

鉴于技能对农民工的重要性以及当前农民工"技能短缺"的现状，未来需要围绕农民工的技能培训问题进行深入的研究，建立有效的工作机制，激发各主体的积极性，使技能培训做到实处，显出成效。这里牵涉的主体较多，关系复杂，具体建议难以一一尽述。笔者主要提出两点。

（1）加强政府在农民工技能培训中的主导作用。虽然企业是技能培训最大的主体，但是在我国，企业在员工的技能培训上热情不高。一方面，大量企业仍然属于劳动密集型企业，对员工的技能水平要求不高；另一方面，重视人力资本的企业在技能培训中面临人才外溢的风险，因此对开展技能培训缺乏动力。在这种情况下，政府的主导作用尤为重要。政府应当在农民工技能培训中更好地发挥组织协调、经费支持、体系建设等方面的职能。当前推行的企业新型学徒制是一种较好的政府主导的技能培训方式，它有助于解决技能培训外部性和市场失灵问题，也能解决中小企业因为培训资金不足而无力进行技能培训的问题。如果能够较好地解决培训中的工学矛盾、申报手续繁琐等问题，将很有可能成为农民工技能养成的有效途径。①

---

① "企业新型学徒制"是由企业与技工院校、职业院校等教育机构合作，采取企校双师带徒、工学交替培养等模式共同培养新入职人员及转岗员工的技能培训制度。2015 年试点，2019 年全面推开。据笔者对北京的企业新型学徒制实施情况的调查，企业新型学徒制在技能培训上产生了较好的效果，但是尚存在一些问题。从企业一方来看，因为培训课时量较大，工学矛盾比较突出；加之申领补贴条件较多、手续繁琐，所以企业参与的积极性不高。此外，因这一制度对企业的资质要求较高，一些真正有培训需求的中小民营企业往往难以参与其中。对合作院校而言，参与培训的教师工作量大幅增加，收入却没有明显提升；学徒数量不稳定导致在教学设施、师资方面的投资面临不确定性，因而动力不足。目前，针对这些问题，相关部门已经对具体规定和要求进行了调整和优化。

（2）提升就业稳定性。前文提到，农民工的就业处于高度不稳定状态。就技能形成来说，雇佣关系不稳定不仅使企业内部技能培训失去了前提和基础，而且农民工自身也难以基于对未来的稳定预期主动地进行技能学习和技能积累。因此，提升就业稳定性对于农民工的技能养成具有重要意义。要提升就业稳定性，一是要加强公共服务资源的均等化，加强对农民工的社会保护，从而减少农民工因为在城市无法安居乐业而不得不进行的"城—城"和"城—乡"迁徙；二要加强对劳务派遣公司和劳务中介机构的监管，督促企业依法合规用工，提升企业与农民工签订劳动合同的比率；三要加强工会建设，发挥工会在稳定工人队伍、建立长期雇佣关系、实现企业与员工协调发展等方面的作用。

第三，大力发展职业教育。

进入中等职业技术学校已经成为农民工子女义务教育阶段之后的主要走向之一。近几年来，农民工子女中接受高等职业教育的人不断增多。因此，职业教育的水平和质量，直接关系到几千万农民工子女的职业发展。在第六章，笔者通过对几所职业学校的考察，指出虽然职业教育并未从根本上改变农民工子女的社会地位，但还是多少促进了一些短程流动。如果职业教育的内在弊端得到克服，教育质量得以提升，对农民工子女来说，无疑是一条有效的向上流动路径。

当前我国职业教育存在的问题，已经有了较多研究。在此，笔者基于对 OECD 国家的职业教育的发展经验以及对我国职业教育现状的观察，围绕如何提升职业教育质量，提出几点思考。

（1）建立统一的职业资格体系，在职业教育与劳动力市场之间形成有效的连接。

我国职业教育与市场需求脱节一直是一个严重的问题，借鉴 OECD 国家经验，建立职业资格体系，推动多方合作，进行供给侧改革势在必行。荷兰、英国、德国都建立了比较完备的职业资格体系，美国虽然没有欧洲意义上的资格体系制度，但是建立了较为完善的专业认证制度。而且各国都根据经济社会的发展，对职业资格进行了适时的修订，并进而调整职业教育项目，在教育标准和职业标准之间建立了有效的联动。我国虽然已经建立了学历资格和职业资格制度，但是学历资格证书和专业资格证书各成体系，两者缺乏有效沟通，甚至互相排斥，从而导致了职业教育与劳动力市场需求之间的严重脱节。这已经成为制约我国职业教育发展的关键问题。建立统一的资格框架，对各种资格和能力进行明确的界定，并在此基础上进行课程设置和开发，应该成为当前促进职业教育发展的核心工作。

（2）推动产教融合，校企合作。

校企合作被称为职业教育的灵魂，在职业学校学生的技能学习中扮演着关键角色。职业教育发达的国家，校企双方均形成了密切的良性互动与合作。如举世闻名的德国双元制职业教育体系，学生既在企业里接受职业技能训练，又在职业学校里接受职业专业理论和普通文化知识教育，从而将企业与学校、理论知识和实践技能紧密结合。在荷兰的中等职业教育项目（MBO）包括两种学习路径，两种路径都属于"基于工作"的学习形式，其中校本学习路径（BOL），企业实践时间占学习时间的 20% ~ 59%；双元制/学徒制路径（BBL），企业实践时间占学习时间的 60% 以上（OCW，2014）。

在计划经济时期，我国形成了学校学生进入工厂实践、工厂工人进入学校学习的两种劳动制度和两种教育制度，这种工学结合的模式为企业培养了很多技术工人（马树超，2005）。尤其是国有企业的厂办技校，企业—学生—老工人之间形成了互利共生关系，学生学习与劳动深度结合，达成了双向式技能提升和渐进式技术革新的效果（王星，2018）。1978年改革开放之后，随着职业教育市场化和劳动力商品化的推进，企业与职业教育之间的紧密联系逐渐松动。从20世纪90年代初开始，国家在发布的有关职业教育发展的文件中不断强调推动校企合作，工学结合。① 尽管如此，我国职业教育中的校企合作总体上仍然流于形式，甚至普遍存在职业学校沦为企业低成本劳动力输送地的畸形现象。

校企合作要有效和深入地展开，需要政府引导多主体参与，建立激励机制，破除合作中的制度障碍。德国的教育企业制度以及"职业资格教育链"倡议，英国为企业提供的学徒制税收和经费补贴、美国政府在提供资助时对校企合作的匹配性要求等，具有重要的借鉴意义。此外，目前我国在一些经济发达地区出现了一些较好的校企合作形式。如在江苏等地，越来

---

① 如，2005年《国务院关于大力发展职业教育的决定》中提出实行"工学结合、校企合作、顶岗实习"的人才培养模式；2006年教育部下发的《关于全面提高高等职业教育品质的若干意见》提出职业学校要大力推行"校企结合、工学结合"。2014年《国务院关于大力发展现代职业教育的决定》提出"深化产教融合"，"发挥企业重要办学主体作用"，"强化教学、学习、实训相融合的教育教学模式"。2018年教育部等六部门联合印发的《职业学校校企合作促进办法》对校企合作的具体形式和促进措施提出了指导意见。2021年中共中央办公厅、国务院办公厅印发的《关于推动现代职业教育高质量发展的意见》提出要"拓展校企合作内容形式""优化校企合作政策环境"。

越多的制造企业以集聚的方式开展校企合作，同一行业内的企业与职业院校联合培养学生，企业间对技能人才流动设立规范，既扩大了企业和学生的选择空间，又有效地抑制了企业间互相挖人的负面效果。类似的经验值得深入研究和发掘，如果能够形成稳定的制度机制并得以在其他地区推广，将有助于提升产教融合的水平。

（3）发展应用型本科，推进中本贯通。

职业教育高等化是当今世界的发展趋势。在 OECD 国家，中等职业教育的吸引力日益降低，为了应对技术发展对高技能人才的需求，一些国家拓宽了进入高等教育，尤其是高等职业教育的路径，提供更为多样化的、更充分的高等职业教育项目供给。如荷兰政府拟在 2020 前扩展副学士学位项目数和入学人数。2013/14 学年期间，英国的北爱尔兰就业和学习部实施了名为"通往成功之路"的政策（Acess to Success），旨在对那些有能力但因其弱势环境因素而无法参与高等教育的人，给予足够的鼓励和支持，以促使他们能够申请接受高等教育并从中受益。此外，各国还注重加强各学习阶段之间的衔接和转换，提供清晰明确的持续学习路径，包括从中等职业教育到高等职业教育阶段的衔接，从副学士学位项目到学士学位项目，从学士学位项目到硕士学位项目的衔接等。

在 2019 年以前，我国职业教育只有中等职业教育和高等职业教育（专科）两个层次。2019 年以来，教育部批准 22 所学校开展本科层次职业教育试点，打破了职业教育止步于专科层次的"天花板"。随着自动化技术、通信技术、信息技术日新月异的发展，对技能人才的需求层次越来越高，这意味着我国职业教育当向更高层次发展。在此背景下，笔者建议积极稳妥地推进应用型本科专业和院校的发展，提升职业教育的办学层次；同时打通中职—高职—本科的人才培养体系。这不只是简单的学制相加或者提供升学的途径，更要对职业教育各阶段的资格和能力进行清晰的界定，引导各层级的教育机构明确人才培养目标和功能定位，从而形成一个完善的纵向贯通的人才培养体系。

在《巨变》一书中，博兰尼深入地分析了工业革命所带来的文化灾难。在市场的全面侵袭之下，从农村中被释放出来的劳动力涌入城市，他们传统的生活方式被打破，社会关系和价值观念发生变化，形成了一种新形态的人——"迁移、飘荡、缺乏自尊与自律，粗暴、无情"。他不无忧虑地写道，"倘若容许市场机制成为人类之命运、自然环境，甚至购买力大小之唯一的主导者，它就会摧毁这个社会……在处理一个人的劳动力时，这个制度也同时处置了这个人之生理的、心理的及道德的本质，若将文化制度的保护罩从人类身上剥下，他们就会在社会裸露的影响下消失，他们会沦落为罪恶、是非颠倒、犯罪及饥荒等社会动乱的牺牲者而死亡"（博兰尼，1989：151）。

鉴于议题的限制，本文对农民工子女在人格、情感、人际、道德等方面的问题并未深入查考，但是透过田野工作中的零星观察，笔者确实感受到这些正值花季的孩子在各方面遭遇着深刻的危机。要化解这场危机，需要社会保护以对抗市场力量，需要道德、文化和社会关系的重建，最根本的，或许还是要回到教育。但这里的教育不再限于一种社会流动的手段，而是如古希腊哲学家所主张的，是一种"转变心灵的艺术"，是发展理性、培养善德的力量（张法琨，2007）。

参考文献

【中文文献】

【1】 著作类

安东尼·吉登斯，菲利普·萨顿，2019，王修晓译，《社会学基本概念》，北京大学出版社。

安妮特·拉鲁，2010，《不平等的童年》，张旭译，北京大学出版社。

列堡，2010，《泰利的街角：一项街角黑人的研究》，李文茂等译，重庆大学出版社。

鲍里斯、季亭士，1989，《资本主义美国的学校教育：教育改革与经济生活的矛盾》，（台湾）桂冠图书股份有限公司。

贝弗里·J. 西尔弗，2012，《劳工的力量：1870 年以来的工人运动与全球化》，张璐译，社会科学文献出版社。

布迪厄、帕斯隆，2002，《继承人——大学生与文化》，邢克超译，商务印书馆。

布洛维，2007，《公共社会学》，社会科学文献出版社。

蔡禾、刘林平、万向东等，2009，《城市化进程中的农民工：来自珠江三角洲的研究》，社会科学文献出版社。

陈昭玟，2013，《产业转型背景下农民工就业问题研究》，中国农业出版社。

方向新，2008，《和谐社会与社会建设——中国社会学会学术年会获奖论文集（2007·长沙）》，社会科学文献出版社。

黄传会，2006，《我的课桌在哪里》，人民文学出版社。

杰华，2006，《都市里的农家女：性别、流动与社会变迁》，吴小英译，江苏人民出版社。

雷通群，2008，《教育社会学》，福建教育出版社。

李强，2011，《社会分层十讲》，社会科学文献出版社。

林毅夫、蔡昉、李周，2002，《中国的奇迹：发展战略与经济改革》，上海人民出版社。

林毅夫、姚洋，2006，《中国奇迹：回顾与展望》，北京大学出版社。

刘谦，2016，《渐入城市：首都随迁子女社会融合的教育人类学研究》，光明日报出版社。

陆学艺，2004，《当代中国社会流动》，社会科学文献出版社。

吕绍青，2007，《留守还是流动？——"民工潮"中的儿童研究》，中国农业出版社。

罗伯特·帕特南，2017，《我们的孩子》，田雷、宋昕译，中国政法大学出版社。

马克思，1995，《马克思恩格斯选集》第1卷，人民出版社。

马克思，2004，《资本论》（第1卷），人民出版社。

马克思，2004，《资本论》（第2卷），人民出版社。

全国总工会调研组，2006，《农民工权益保障问题调研报告》，载《中国农民工调研报告》，中国言实出版社。

沈原，2007，《市场、阶级与社会——转型社会学的关键议题》，社会科学文献出版社。

史柏年等，2005，《城市边缘人——进城农民工家庭及其子女问题研究》，社会科学文献出版社。

苏黛瑞，2009，《在中国城市中争取公民权》，王春光、单丽卿译，浙江人民出版社。

孙立平，2009，《重建社会：转型社会的秩序再造》，社会科学文献出版社。

王春光，2005，《农村社会分化与农民工负担》，中国社会科学出版社。

王毅杰、高燕，2010，《流动儿童与城市社会融合》，社会科学文献出版社。

吴俊升、王西征，2008，《教育概论》，福建教育出版社。

吴霓、朱富言，2011，《农民工子女异地中考政策研究》，教育科学出版社。

夏传玲，2008，《权杖和权势——组织的权力运作机制》，中国社会科学出版社。

瑞雪·墨菲，2009，《农民工改变中国农村》，黄涛、王静译，浙江人民出版社。

杨昌勇，2004，《新教育社会学：连续与断裂的学术历程》，中国社会科学文献出版社。

杨东平，2017，《中国流动儿童教育发展报告（2016）》，社科文献出版社。

杨善华，1999，《当代西方社会学理论》，北京大学出版社。

叶敬忠等，2010，《留守中国：中国农村留守人口研究》，社会科学文献出版社。

叶敬忠、潘璐，2008，《别样童年：中国农村留守儿童》，社会科学文献出版社。

俞德鹏，2009，《城乡居民身份平等化研究》，中国社会科学出版社。

张法琨，2007，《古希腊教育论著选》，人民教育出版社。

张人杰，2008，《国外教育社会学基本书选》，华东师范大学出版社。

郑也夫，2013，《吾国教育病理》，中信出版社。

周大鸣，2005，《渴望生存——农民工流动的人类学考察》，中山大学出版社。

【2】论文类

蔡禾、王进，2007，《"农民工"永久迁移意愿研究》，《社会学研究》第 6 期。

陈映芳，2005，《"农民工"：制度安排与身份认同》，《社会学研究》第 3 期。

成德宁，2008，《我国进城农民工的居住问题及解决思路》，《中国人口、资源与环境》第 4 期。

程志超、张涛，2016，《农村留守儿童权益保护政策研究》，《东岳论丛》第 2 期。

仇立平，2006，《回到马克思：对中国社会分层的研究的反思》，《社会》第 4 期。

仇立平、肖日葵，2011，《文化资本与社会地位获得——基于上海市的实证研究》，《中国社会科学》第 6 期。

崔晓黎，2006，《解决农民工居住与城中村改造问题的途径》，《调研世界》第 2 期。

丁百仁、王毅杰，2017，《公立学校农民子女"自弃文化研究"》，《青年研究》第 2 期。

段成荣，2010，《更多地关注留守儿童》，载叶敬忠等主编《留守中国：中国农村留守人口研究》，社会科学文献出版社。

段成荣等，2013，《我国农村留守儿童生存和发展基本状况——基于第六次人口普查数据的分析》，《人口学刊》第 3 期。

段成荣、梁宏，2004，《我国流动儿童状况》，《人口研究》第 1 期。

段成荣、梁宏，2005，《关于流动儿童义务教育问题的调查研究》，《人口与经济》第 1 期

段成荣、吕利丹、王宗萍，2013，《留守儿童的就学和学习成绩——基于教育机会和教育结果的双重视角》，《青年研究》第 3 期。

段成荣、杨舸，2008，《我国农村留守儿童状况研究》，《人口研究》第 3 期。

段成荣、杨舸，2009，《关注流动儿童和留守儿童的若干重要问题》，《中国教师》第 5 期。

段成荣、周福林，2005，《我国留守儿童状况研究》，《人口研究》第 1 期。

范方、桑标，2005，《亲子教育缺失与"留守儿童"人格、学绩及行为问题》，《心理科学》第 4 期。

方长春、风笑天，2005，《阶层差异与教育获得：一项关于教育分流的实证研究》，《清华大学教育研究》第 5 期。

冯仕政，2008，《重返阶级分析？——论中国社会不平等研究的范式转换》，《社会学研究》第 5 期。

冯晓英，2010，《论北京城中村改造——兼论流动人口聚居区合作治理》，《人口研究》第 6 期。

郜若素，2006，《中国经济改革成功的源泉》，载林毅夫、姚洋主编《中国奇迹：回顾与展望》，北京大学出版社。

顾静华，2017，《消失的资本——回流流动儿童在农村学校的教育经历》，载杨东平主编《中国流动儿童教育发展报告（2016）》，社会科学文献出版社。

郭良春、姚远、杨变云，2005，《公立学校流动儿童少年城市适应性研究——北京 JF 中学的个案调查》，《中国青年研究》第 9 期。

郭琳、车士义，2011，《父母非农就业、外出打工与子女的教育获得》，《兰州学刊》第 3 期。

郭于华、黄斌欢，2014，《世界工厂的中国特色——新时期工人状况的社会学鸟瞰》，《社会》第 4 期。

韩嘉玲，2001，《北京市流动儿童义务教育状况调查报告》，《青年研究》第 8 期。

何明洁，2009，《劳动与姐妹分化——"和记"生产政体个案研究》，《社会学研究》第 2 期。

侯利明，2015，《地位下降回避还是学历下降回避——教育不平等生成机制再探讨（1978～2006）》，《社会学研究》第 2 期。

黄旭宏、李阿琳，2013，《网络对于中国大陆弱势群体与 NGO 的三重意义：绿光远程支教的社会创业案例》，《辅仁管理评论》第 1 期。

纪韶、王珊娜，2015，《农民工职业流动轨迹和职业向上发展调研报告》，《调研世界》第 4 期。

李春玲，2009，《教育地位获得的性别差异——家庭背景对男性和女性教育地位获得的影响》，《妇女研究论坛》第 1 期。

李春玲，2014，《"80"后教育经历与机会不平等》，《中国社会科学》第 4 期。

李代，2017，《阈值依赖的教育扩张与教育机会不平等——以 A 省某年高考数据为例》，《社会学研究》第 3 期。

李萍，2017，《"发展型"择业观、工作转换与新生代农民工职业的"去体力化"》，《青年研究》第 2 期。

李强，1999，《中国大陆城市农民工的职业流动》，《社会学研究》第 3 期。

李忠路，2016，《家庭背景、学业表现与研究生教育机会获得》，《社会》第 3 期。

李忠路、邱泽奇，2016，《家庭背景如何影响儿童学业成就？——义务教育阶段家庭社会经济地位影响差异分析》，《社会学研究》第 4 期。

林毅夫，2006，《中国从计划经济向市场经济转轨的经验》，载林毅夫、姚洋主编《中国奇迹：回顾与展望》，北京大学出版社。

刘惠珍，2007，《社会阶层分化与高等教育机会均等》，《北京师范大学学报（社会科学版）》第 1 期。

刘建洲，2011，《农民工的抗争行动与及其对阶级形成的意义》，《青年研究》第 1 期。

刘精明，2001，《教育与社会分层结构的变迁——关于中高级白领职业阶层的分析》，《中国人民大学学报》第 2 期。

刘精明，2006，《高等教育扩展与入学机会差异：1978－2003》，《社会》第 3 期。

刘玉照、王元腾，2017，《上海市流动儿童教育状况分析》，载杨东平主编《中国流动儿童教育发展报告（2016）》，社会科学文献出版社。

刘子曦、朱江华峰，2019，《经营"灵活性"：制造业劳动力市场的组织生态与制度环境——基于 W 市劳动力招聘的调查》，《社会学研究》第 4 期。

卢晖临、潘毅，2014，《当代中国第二代农民工的身份认同、情感与集体行动》，《社会》第 4 期。

路晓峰、邓峰、郭建如，2016，《高等教育扩招对入学机会均等化的影响》，《北京大学教育评论》第 1 期。

吕利丹，2016，《留守儿童的困境观察》，《社会治理》第 6 期。

吕利丹等，2018，《新世纪以来我国儿童人口变动基本事实和发展挑战》，《人口研究》第 3 期。

吕鹏，2006，《生产底层和底层的再生产》，《社会学研究》第 2 期。

吕绍青、张守礼，2001，《城乡差别下的流动儿童教育——关于北京打工子弟学校的调查》，《战略与管理》第 4 期。

罗国芬，2005，《从 1000 万到 1.3 亿：农村留守儿童到底有多少》，《青年探索》第 2 期。

罗国芬、佘凌，2006，《留守儿童调查有关问题的反思》，《青年探索》第 3 期。

孟凡强、初帅、李庆海，2017，《教育高等规模扩张是否缓解了城乡教育机会不平等?》，《教育与经济》第 4 期。

米靖，2007，《当代西方职业教育与社会分层理论研究》，《教育科学》第 4 期。

潘璐，2016，《留守儿童关爱政策评析与重塑》，《社会治理》第 6 期。

潘毅、卢晖临、严海蓉、陈佩华、萧裕均、蔡禾，2009，《农民工：未完成的无产阶级化》，《开放时代》第 6 期。

潘毅、任焰，2006，《宿舍劳动体制：劳动控制与抗争的另类空间》，《开放时代》第 3 期。

潘毅、吴琼文倩，2013，《一纸劳动合同的中国梦——2013 年建筑工人劳动合同状况调研》（未刊稿）。

潘泽泉、何倩，2017，《居住空间、社会交往和主观地位认知：农民工身份认同研究》，《湖南社会科学》第 1 期。

庞圣民，2015，《市场转型、教育分流与中国城乡高等教育机会不平等（1977－2008）》，《社会》第 5 期。

庞圣民，2016，《市场转型、教育分流与中国城乡高等教育机会不平等（1977－2008）——兼论重点中学制度是否应该为城乡高等教育机会不平等买单》，《社会》第 5 期。

清华大学社会学系课题组，2013，《"短工化"：农民工就业趋势研究》，载《清华社会学评论》，社会科学文献出版社。

任焰、潘毅，2008，《农民工劳动力再生产中的国家缺位》，载《和谐社会与社会建设——中国社会学会学术年会获奖论文集（2007·长沙）》，社会科学文献出版社。

任远，2015，《大迁移时代的儿童留守和支持家庭的社会政策》，《南京社会科学》第 8 期。

邵明峰，2014，《奥巴马政府〈投资于美国的未来：职业技术教育改革蓝图〉的出台背景、核心原则与亮点》，《职业技术教育》第 22 期。

沈原，2006，《社会转型与工人阶级的再形成》，《社会学研究》第 2 期。

宋乃庆、郑智勇，2019，《新中国成立 70 年来我国高等职业教育发展探析》，《职业技术教育》第 36 期。

宋映泉、曾育彪、张林秀，2017，《打工子弟学校学生"初中

后"流向哪里？——基于北京市 1866 名流动儿童长期跟
踪调研数据的实证分析》，载杨东平主编《中国流动儿童
教育发展报告（2016)》，社会科学文献出版社。

孙琪，2015，《美国〈帕金斯生涯与技术教育法案〉的修订》，
《教育评论》第 12 期。

孙中伟、刘林平，2018，《中国农民工问题与研究四十年：从
"剩余劳动力"到"城市新移民"》，《学术月刊》第 11 期。

谭深，2009，《人口流动对农村贫困和不平等的影响》，《开放
时代》第 10 期。

汤林春，2009，《农民工子女就读城市公办学校的文化冲突与
融合研究》，《教育发展研究》第 10 期。

唐俊超，2015，《输在起跑线——再议中国社会的教育不平等
（1978－2008)》，《社会学研究》第 3 期。

王春光，2010，《新生代农民工城市融入进程与问题的社会学
分析》，《青年探索》第 3 期。

王东宇，2002，《小学"留守孩"个性特征及教育对策初探》，
《健康心理学杂志》第 5 期。

王东宇、王丽芬，2005，《影响中学留守孩心理健康的家庭因
素研究》，《心理科学》第 2 期。

王甫勤，2012，《社会经济地位、生活方式与健康不平等》，
《社会》第 2 期。

王甫勤、时怡雯，2014，《家庭背景、教育期望于大学教育获
得》，《社会》第 1 期。

王海洋、刘伟清、胡倩，2018，《流动儿童社会工作实践发展
的路径转向》，《中国社会工作》第 11 期。

王凯、侯爱敏，翟青，2010，《城市农民工住房问题研究综

述》，《城市发展研究》第 1 期。

王小章，2009，《从"生存"到"承认"：公民权视野下的农民工问题》，《社会学研究》第 1 期。

王小章、冯婷，2018，《从身份壁垒到市场性门槛：农民工政策 40 年》，《浙江社会科学》第 1 期。

王毅杰、王微，2004，《国内流动农民研究述评》，《河海大学学报（哲学社会科学版）》第 1 期。

文军、顾楚丹，2017，《基础教育资源分配的城乡差异及其社会后果——基于中国教育统计数据的分析》，《华东师范大学学报（教育科学版）》第 2 期。

邬志辉、李静美，2016，《农民工随迁子女在城市接受义务教育的现实困境与政策选择》，《教育研究》第 9 期。

吴帆，王琳，2016，《社会治理视阈下的留守儿童社会政策分析》，《社会治理》第 6 期。

吴红宇、谢国强，2006，《新生代农民工的特征、利益诉求及角色变迁——基于东莞塘厦镇的调查分析》，《南方人口》第 2 期。

吴霓，2012，《进城务工人员随迁子女在流入地参加中高考的现实困境及政策取向》，《清华大学教育研究》第 2 期

吴霓，2014，《流动人口随迁子女在流入地升学考试政策分析》，《教育研究》第 4 期。

吴霓、葛恬，2017，《农民工随迁子女异地中考政策研究》，载杨东平主编《中国流动儿童教育发展报告（2016）》，社会科学文献出版社。

吴清军，2008，《从学理层面重新审视阶级的概念与理论》，《社会》第 4 期。

吴晓刚，2016，《中国当代的高等教育、精英形成于社会分层——来自"首都大学生成长追踪调查"的初步发现》，《社会》第 3 期。

吴莹，2011，《群体污名意识的建构过程——农民工子女"被歧视感"的质性研究》，《青年研究》第 4 期。

吴愈晓，2013，《教育分流体制与中国的教育分层（1978 - 2008）》，《社会学研究》第 4 期。

吴愈晓、黄超，2016，《基础教育中的学校阶层分割与学生教育期望》，《中国社会科学》第 4 期。

吴愈晓、黄超、黄苏雯，2017，《家庭、学校与文化的双重再生产：文化资本效应的异质性分析》，《社会发展研究》第 3 期。

熊易寒，2010，《底层、学校与阶级再生产》，《开放时代》第 1 期。

许多多，2017，《大学如何改变寒门学子命运：家庭贫困、非认知能力和初职收入》，《社会》第 4 期。

许庆明，2008，《农民工城市居住问题的影响因素及解决思路》，《城市》第 8 期。

阎光才，2008，《批判教育在中国的境遇及其可能》，《教育学报》第 3 期。

杨东平，2006，《高等教育入学机会：扩大之中的阶层差距》，《清华大学教育研究》第 1 期。

杨东平、王旗，2009，《北京市农民工子女初中后教育研究》，《北京社会科学》第 1 期。

杨舸，2016，《留守儿童政策和社会支持评估》——基于江苏省的调查分析，《社会治理》第 6 期。

余秀兰，2006，《文化再生产：我国教育的城乡差距探析》，《华东师范大学学报（教育科学版）》第 2 期（第 24 卷）。

袁连生，2017，《流动儿童义务教育财政供给》，载杨东平主编《中国流动儿童教育发展报告（2016）》，社会科学文献出版社。

张建伟、胡隽，2005，《居者有其屋：农民工市民化的落脚点》，《求实》第 9 期。

张力跃，2009，《中等职业教育困境：从农民为子女进行职业教育选择的视角分析》，《职业技术教育》第 34 期。

张阳阳、谢桂华，2017，《教育期望中的班级效应分析》，《社会》第 6 期。

赵晗、魏佳羽，2017，《北京义务教育阶段流动儿童教育现状》，载杨东平主编《中国流动儿童教育报告（2016）》，社会科学文献出版社。

中国儿童中心、国务院妇女儿童工作委员会办公室，2005，《中国流动人口中儿童状况抽样调查》，《中国妇运》第 6 期。

中国农民工问题研究总报告起草组，2006，《2006 年中国农民工问题研究总报告》，《改革》第 5 期。

中国社会科学院国情调研课题组，2007，《职业教育：发展与挑战》，《职业技术教育》第 21 期。

中国政法大学课题组，2017，《流动人口疏解效果与政策评价》，《国家行政学院学报》第 1 期。

中央教育科学研究所课题组，2004，《农村留守儿童问题调研报告》，《教育研究》第 10 期。

周大鸣，2017，《农民工研究三十年——从个人的探索谈起》，《中国农业大学学报》（社会科学版）第 6 期。

周贤润，2017，《从阶级认同到消费认同：农民（工）身份认同的代际转向》，《中国农业大学学报（社会科学版)》第4期。

周潇，2007，《关系霸权：关于建筑工地的一项田野研究》，清华大学硕士论文。

周晓虹，1998，《流动与城市体验对中国农民现代性的影响——北京"浙江村"与温州一个农村社区的考察》，《社会学研究》第5期。

邹泓、屈智勇、张秋凌，2004，《九城市流动儿童发展与需求调查》，《青年研究》第1期。

——，2011，《中国农村留守儿童研究综述》，《中国社会科学》第1期。

【3】报纸

秦晖，2008，《中国奇迹的形成与未来》，《南方周末》2月21日。

全国总工会，2010，《关于新生代农民工问题的研究报告》，《工人日报》6月21日。

熊易寒，2015，《农民工子女向上难破教育天花板》，《中国青年报》5月4日。

【4】网页类

《恶性竞争与文明底线——全球化图景背后的另外一个中国》，http://view.QQ.com，2007年02月26日。

《留守儿童心理项目的一线探索，億方公益沙龙第十六期》，http://www.sohu.com/a/270395960_669645，2018年10月26日。

《透过数据看发展系列报道》，中国经济网，http://finance.ce.cn/macro/gdxw/200709/19/t20070919，2007年9月19日。

《职业教育如何促进学生的全人发展？——億方公益沙龙第十
三期》，http://www.sohu.com/a/256276472_481602，2018
年9月26日。

《中国经济发展方式转变的关键在哪里？》，http://langxianping.
qzone.qq.com，2010年4月27日。

《"中国奇迹"的经济学解释》，人民网，http://news.163.com/
10/0305/，2010年03月05日。

【英文文献】

Burawoy. 1976. "The Functions and Reproduction of Migrant La-
bor: Comparative Material from Southern Africa and the United
States", *American Journal of Sociology*, 81 (5), 1050 – 1087.

Burawoy. 1985. *The Politics of Production: Factory Regimes under
Capitalism and Socialism*. The Thetford Press.

Burawoy. 1991. *Ethnography Unbound*, Los Angeles: University of
California Press.

Burawoy. 1998. "Extended Case Method", *Sociologyical Theory*,
16 (1), 4 – 33.

Gamoran, A. & Mare, 1989. "Secondary School Tracking and Ed-
ucational Inequality: Compensation, Reinforcement or Neutral-
ity", *American Journal of Sociology*, Vol. 94: 1146 – 1183.

Hallinan, M. & Willianms. 1990. "Students' Characteristics and The
Peer – Influence Process", *Sociology of Education*, Vol. 63:
122 – 133.

Michael Ryan. 1984. "Book Review: Theory and Resistance in Ed-
ucation: A Pedagogy for the Opposition", *Curriculum Inquiry*,

14 (4), 469 – 473.

Michael W. Apple. 1995. *Education and Power*, *Second Edition*, New York and London: RoutledgeFalmer.

Minhua Ling. 2015. "Bad Students Go to Vocational Schools! Education, Social Reproduction and Migrant Youth in Urban China", *The China Journal*, (73), 108 – 131.

OCW. 2014. Clearing the Way for Workmanship: Future Oriented Vocational Education. https://www. government. nl/documents.

Paul DiMaggio. 1979. "Review: On Pierre Bourdieu", *American Journal of Sociology*, 84 (6), 1460 – 1474.

Paul Willis. 1977. *Learning to Labor: How Working Class Kids Get Working Class Work*, New York: Columbia University Press.

Wright, E. O. 2000. "Working – Class Power, Capitalist – Class Interests, and Class Compromise", *American Journal of Sociology*, 105 (4), 957 – 1002.

图书在版编目（CIP）数据

劳动力更替模式与代际流动：对农民工群体的考察／
周潇著. -- 北京：社会科学文献出版社，2022.8（2023.9 重印）
ISBN 978 - 7 - 5228 - 0619 - 8

Ⅰ.①劳… Ⅱ.①周… Ⅲ.①民工 - 劳动就业 - 研究
- 中国 ②民工 - 社会保障 - 研究 - 中国 Ⅳ.①D669.2
②F323.89

中国版本图书馆 CIP 数据核字（2022）第 159733 号

劳动力更替模式与代际流动：对农民工群体的考察

著　　者／周　潇

出 版 人／冀祥德
责任编辑／孙　瑜　佟英磊
责任印制／王京美

出　　版／社会科学文献出版社·群学出版分社（010）59367002
　　　　　地址：北京市北三环中路甲 29 号院华龙大厦　邮编：100029
　　　　　网址：www.ssap.com.cn
发　　行／社会科学文献出版社（010）59367028
印　　装／唐山玺诚印务有限公司

规　　格／开　本：787mm×1092mm　1/16
　　　　　印　张：15　字　数：174 千字
版　　次／2022 年 8 月第 1 版　2023 年 9 月第 3 次印刷
书　　号／ISBN 978 - 7 - 5228 - 0619 - 8
定　　价／89.00 元

读者服务电话：4008918866